LE FIDELE
CONDVCTEVR

POVR LES VOYAGES
DE FRANCE, D'ANGLETERRE,
D'ALLEMAGNE, ET D'ESPAGNE.

MONTRANT,

EXACTEMENT LES Raretez, & choses Remarquables qui se trouuent en chaques Villes, & les distances d'icelles, auec vn dénombrement des Batailles qui s'y sont données.

Par le Sieur COVLON.

A Troyes, Chez Nicolas Oudot, Et se vendent,

A PARIS,

Chez GERVAIS CLOVZIER, Marchand Libraire au Palais, aux les degrez de la Ste. Chappelle.

M. DC. LIV.
Auec Priuilege du Roy.

ADVIS AV Lecteur.

MON Cher Lecteur, l'entreprends de te conduire, & de t'enseigner les chemins du plus Auguste des Royaumes de la terre. Ie me doute que tu és François, & par consequent affectionné aux Eloges que ie donne à ton pays, & ie ne te crois pas si fort ignorant, que tu ne scaches qu'il ny a point de flatterie à loüer plus hautement & auec plus d'auantage, l'enceinte de cette Mo-

Aduis au Lecteur.

narchie que toutes les autres, qui sont dans le monde: Puisque la nature là fauorisée de tant de benedictions, qu'il semble que ce qui a esté diuisé à toutes les autres, ayt esté ramassé & assemblé, dans vn pays, qui n'emprunte rien de ses voisins ou des plus esloignez, que des superfluitez. Mais qui leur fournit & leur distribue, toutes les choses les plus necessaires à la vie, la bonté de son climat, la douceur de son air, la ciuilité & l'humanité de ses habitans, sont certes des charmes assez puissans pour te conuier à faire la recherche, la reueüe & la visite de ses plus riches qualitez, par vn voyage, qui te peut estre honorable, vtile & delectable. Tu y verras en general tout ce que tu verras ailleurs, & quelque part que ta

Aduis au Lecteur.

curiosité te conduise, tu n'y verras rien que ce que tu peux veoir en France. Mais pour exciter dauantage t'on desir, ie t'exhorte de prendre la peine de feuilleter ce Liuret, qui t'apprendra par eschantillon que la cognoissance plus asseurée de tant de belles & de diuerses choses merite bien que tu en face le tour & que tu les considere attentiuement. Ie t'en ay dressé la Liste des chemins, des passages, & des distances des lieux aux autres, afin de te faciliter ton dessein, & d'esloigner vne des grandes difficultez, qui s'y pourroit opposer. Fais en ton profit si tu me veux croire, & ie tiens pour asseuré qu'il ny a point de lieu de craindre vn repentir, pour vne entreprise si glorieuse & si diuertissante. Tant s'en faut, i'espere

Aduis au Lecteur.

que tu me combleras d'autant de benedictions, que ie t'en souhaite, &
que tu me croiras estre obligé de t'a-
uoir fait l'ouuerture d'vne curiosité
si genereuse.

PRIVILEGE DV ROY.

LOvis par la grace de Dieu Roy de France & de Nauarre: A nos Amez & Feaux Conseillers les Gens tenans nos Cours de Parlement, Maistres des Requestes ordinaires de nostre Hostel, Baillifs, Seneschaux, Preuost, leurs Lieutenans & autres nos Iusticiers & Officiers qu'il appartiendra, Salut: Nostre bien Amé Geruais Clouzier Marchand Libraire en nostre bonne ville de Paris, nous a fait remonstrer qu'il a recouuré vn Liure intitulé *Les Voyages de France, d'Italie, d'Angleterre, d'Allemagne, & d'Espagne*, par LOVIS COVLON: Qu'il desireroit faire imprimer, s'il nous plaisoit luy accorder nos Lettres sur ce necessaires. A cés causes desirant fauorablement traitter l'Exposant, Nous luy auons permis & accordé, permettons & accordons, d'imprimer ou faire imprimer ledit Liure, en tel volume, marge, carractere, & autant de fois que bon luy semblera, pendant le temps de dix années consecutiues, à commencer du iour qu'il sera acheué d'imprimer, & iceluy vendre & distribuer par tout nostre Royaume. Faisons deffenses à tous Imprimeurs, Libraires & autres, d'imprimer ou faire imprimer, vendre & distribuer ledit Liure durant ledit temps, sans le consentement dudit Exposant, ou ses ayans cause, sous quelques pretexte que ce soit, sur peine de cófiscation des Exemplaires, amande arbitraire, despens, dommages & interests: A la charge d'en mettre deux Exemplaires en nostre Bibliotheque publique, & vne en celle de nostre tres-cher & feal le Sieur Marquis de Chasteau-Neuf, Cheualier Commandeur de nos Ordres, Garde des Sceaux de France, à peine de nullité des presentes. Du contenu desquelles à chacun de vous mandons & enioignons faire iouïr l'Exposant, & ses ayans cause, pleinement & paisiblement; cessant & faisant cesser tous troubles & empeschemens au contraire. Voulons qu'en mettant au commencement ou à la fin dudit Liure vn Extrait des presentes elles soient tenuës pour deuëment signifiées: Et qu'aux coppies collationnées par l'vn de nos Amez & Feaux Conseillers Secretaires, foy soit adioustée comme à l'original. Mandons au premier nostre Huissier ou Sergent, faire pour l'execution desdites presentes, toutes significations, deffences, saisies, & autres actes requis & necessaires, sans demander autre permission: Car tel est nostre plaisir. Donné à Paris le 15. iour de Iuin, l'an de grace mil six cens cinquante. Et de nostre regne le huictiéme. Par le Roy en son Conseil. LE BRVN.

Ledit Clouzier a associé audit Priuilege Nicolas Oudot, Marchand Libraire en la ville de Troyes, pour en iouïr aux conditions portées par iceluy.

Acheué d'imprimer pour la premiere fois, le 20. Nouembre 1654.

Les Exemplaires ont esté fournis.

TABLE ALPHABETIQUE DES LIEVX ET DES CHOSES LES PLVS Remarquables.

A

L'Abbaye de Sainct Germain des Prez, par qui fondée, 31.

L'Abbaye de Sainct Victor & sa fondation, 34.

L'Abbaye & la ville de sainct Denys en France, sa fondation, sa description, & autres particularitez, 53.

Abbé portant tiltre de Cardinal, 212.

Admiral de France, qu'elle est sa charge, ses prerogatiue, & ses emolumens, 17.

Agen capitale de l'Agenois, 180.

Aigue-morte iadis nommée les fosses de Marius, & pourquoy, 164.

Aix siege du Parlement de Prouence par qui bastie, 155.

Alby capitale de l'Albigeois ville ancienne & riche, Euesché, comment nommée par Cesar & par Ptolomée, 168.

á ij

Table Alphabetique.

Alenſon, Duché & Apannage d'vn des enfans de France, 220.

Aleth ſur Laude aux pied des Pyrenées, 167.

Amboiſe & ſon Chaſteau, 191. 192.

Amiens capitale de la Picardie & ſa deſcription, 57.

Anet fort Chaſteau, remarquable par ſon Portail, ſes iardins & ſes roches artificielles. 218.

Angers autrefois nommée la fontaine des ſciences, 214.

Archeueſchez & Eueſchez de France, 5.

Principauté d'Arches, 74.

Argenteuil, ennoblie de la Robbe de N. Seigneur, 234.

Arles cité fameuſe, nommée Mammillarde, ou Mammelie, 156.

Sa Situation, 157.

Arnes village prodigieuſement fourny d'eau, 225.

Grand maiſtre de l'Artillerie, & ſes fonctions 16. & 17.

Aſſiegez ſe deffendant, les hommes à coups de pierre, & les femmes auec de l'eau boüillante, 123.

Auanture de l'Empereur Auguſte, proche la ville de Compiegne, 67.

S. Aubin Cormier remarquable par la bataille de l'an 1488, 221.

Auignon capitale du Comtat, ſon pont miraculeux, ſes ſept fois ſept merueilles, 147. & 148.

Table Alphabetique.

Cloche d'Auignon, 148.149.
Auranches ville Episcopale & ancienne, assise sur vn rocher. 223.
Ausch capitale de l'Armagnac, ancienne colonie des Romains, & le plus riche Archeuesché de France, 184.
Autun capitale des Heduens & iadis la sœur d'alliance de Rome, ses antiquitez & particularitez remarquables. 112.
Auxerre ville belle & ancienne. 111.
Auxone sur les frotieres de la Bourgogne. 107.

B.

BAgniere & ses bains, 185.
Bains & fontaines medicinales en France, 20. & 21.
Barleduc, fief releuant de la Couronne de France, sa description & ses particularitez, 80. & 81.
Bar-sur-Seine, Duché en Bourgogne, 94.
Le chasteau de la Bastille, sa description & sa fondation, 50.
Bataille de Muret, remarquable & merueilleuse, 179.
Baugency lieu de chasse & qui rapporte, quantité de bleds & de vins, 190.
Bayonne vne des clefs de France, 202.
Bayeux ville ancienne, capitale du pays Bessin, 228.
Beaulne fondée par les Romains, & ses antiquitez, sa situation, & autres choses remarquables, 107. & 108.

Table Alphabetique.

Description de la ville de Beauuais, 55.
Bezanson ville Imperiale & sa description, 99. & 100.
Beziers ancienne colonie des soldats Romains & le plus delicieux seiour de la France, 169.
La riuiere de Bieure, propre à teindre escarlate, 34.
Birat Geant qui auoit quinze coudées de hauteur & où gisent ses os. 132.
Blaye ville ancienne & forte, surnommée la Guerriere, 198.
Bleds de Beausse, Sologne & autres Prouinces, 19.
Blois capitale, de la Beausse, & le Berceau des enfans de France. 191.
Boëte d'yuoire merueilleuse, 59.
Bouche Roland, cauerne creuse de sept lieuës, 161. 162.
Boulogne & sa description, 61.
Cœur d'argent deu par les Roys de France en qualité de Comte de Boulogne, à l'Eglise de nostre Dame de cette ville, 61.
Bourdeaux ville celebre par son Parlement, son Archeuesché & son Vniuersité, 199.
Bourges capitale du Berry, auantageuse en son assiette, 130.
La montagne de bransac, 161.
Breteuil remarquable par les marques des dernieres guerres ciuiles, 60.
Briare, ville tres-ancienne, 142.
Brie-Comte-Robert, 83.

Table Alphabetique,

Brionde & son pont merueilleux d'vne seule, arcade. 159.

C

Cadillac, 183.

Caën, ville fort ancienne iadis la demeure ordinaire de Caius Cesar dont elle tire son nom, 227.

Cahors capitale du Quercy. Les droits particuliers de son Euesque, son Vniuersité, ses Amphiteatre & ses aqueducts, 175.

Calais port de mer sur les costes de Picardie, 62.

Canal de Briare, 122.

Capitole de Tolose, 178.

Carcassonne ville ancienne des Tectosages diuisée en deux parties separées par murailles, loix & coustumes differentes, & par la riuiere d'Aude, 170.

Caue merueilleuse dans l'Eglise des Cordeliers de Tolose, 178.

Cauerne merueilleuse, nommée le Cluseau, 185.

Châlons sur Marne, & sa description, 78.

Châlons sur Saone, ville ancienne, & remarquable pour ses antiquitez. 109.120.

Chambord maison Royale, & sa description, 190.191.

Chambres des Comptes pourquoy establies, 10 & 11.

La Chambre des Comptes de Paris & sa description, 45. & 46.

Table Alphabetique.

Champ de Crau, & ses particularitez remarquables, 154.

Le Chancelier de France est premier President du Grand Conseil, chef de la Iustice, & le depositaire des grands Sceaux, 8. & 9.

Les Chanoines d'Auignon comment vestus, 149.

Chanures de Calais, & autres lieux pour les voiles & cordages des nauires, 20.

La saincte Chappelle de Paris & son admirable structure, 38.

Charanton, le rempart des Roys de France contre les ennemis de leur estat, 115.

Charle-ville. 91.

La Charité & pourquoy elle est ainsi nommée 123.

Chartres en Beausse, grenier de la France, & la seconde Sicile de l'Europe, 210.

Chasteaudun capitale du Dunois, 212.

Chasteau de Saincte Menehou entouré de deux riuieres, 78.

Chasteau Thierry capitale de la haute Brie, 77.

Chasteau de vincestre par qui basty & demoly, 33.

Le Grand Chastelet par qui basty, & à quoy il est employé, 46.

Chastelleraud sur la Vienne porte le tiltre de Duché, 192.

Chastillon sur Seine, & pourquoy ainsi nommée, 98. 99.

Table Alphabetique.

Chastillon sur Loire, 125.
Chaumont en Bassigny sur Marne, 97.
Cherbourg place forte sur la mer, bastie par Cesar, 228.
Chien fidele, 122.
Chinon remarquable par ses grands ponts de pierre, 206.
Cisteaux, Abbaye celebre, d'où elle a pris son nom, & le nombre de ses subalternes, 110.
Clermont en Auuergne, 158.
Clery lieu renommé pour la deuotion à Nostre Dame, 190.
Clocher de Bressuire, 209. 210.
Coignac ville Royale, pays de François I. 195.
Colonel de l'infanterie de France, office de la Couronne, & son establissement, 16.
Nôbre des Colleges de l'Vniuersité de Paris, 26
Commerce de Lyon, 136.
Compiegne ancien seiour des Roys, 66.
La Comté de Clermont & sa description, 59.
Gondom ville Episcopale, 188.
La place de Confort à Lyon, 136.
Connestable de France, ses fonctions & ses prerogatiues, 14. & 15.
Supprimé par Edict du Roy Louys XIII. 15.
Conquestes des Roys de France depuis quelques années, 2.
Le Conseil du Roy & sa diuision, 9. & 10.
Conferans ville ancienne & siege Episc. 180.
Les Iuges Consuls, par qui instituez à Paris & pourquoy, 47.

Table Alphabetique.

Courage des femmes de Beauuais, 56.
Cour des Aydes & le droit de leur iurifd. 11.
La Cour des Aydes par qui inftituée, 46.
Coutance baftie par l'Empereur Conftance, 225. 226.
Couftras memorable par la bataille de l'an 587.
Orange ville capitale d'vne petite principanté de mefme nom, fort celebre pour fes anciennetez, 145. & 146.
Creffy memorable pour vne fanglante deffaite des François, 70.
Saincte Croix d'Orleans, Eglife celebre, 128.
Crucifix remarquable dans noftre Dame de Paris, 37.

D

Dacqs fituée dans vn pays fterile & ingrat, 201.
Dampmartin, & fa defcription, 69.
Digue baftie fur le fonds de la mer, 205.
Dijon, capitale de la Bourgongne, & fa defcription, 104. 105.
Dinan, ville agreable baftie par des fauuages, 222.
S. Difier, fon fiege memorable & autres particularitez, 82. 83.
Dole, ville de la Franche Comté, 105.
Dreux feiour ordinaire des Druydes, 228.
Druydes leur demeure & leur gouuernement, 210. 211.

Table Alphabetique.
E.

Echo merueilleux entre Conflans & Charenton, 35.
Echo merueilleux du iardin du Roy de Montpellier, 166.167.
L'Eglise Cathedralle de Paris, sa description, sa longueur, sa largeur, & sa hauteur, 36.
Eglises basties par Charlemagne, 197.
Eglises de Chartres, 211.218.
Elections & Eleus, leurs charges, & leurs prerogatiues, 11.
Embrun ville naturellement forte, 139.
Engoulesme capitale de l'Angoumois & sa situation, 194.
Escriture sur des escorce d'Arbres, sur du linge, & sur d'autres matieres, 170.
Esguillon sur l'emboucheure du Lot, 184
Espée des Roys de France, fait ses vrays limites, 2
Estain, ville du Duché de Lorraine, 89.
Estampes ville & Duché appartenant à la maison de Vendosme, 126.
Les Estangs de Gouuieux, 59.
Evreux recommandable par la doctrine de du Perron, son Euesque, 232.

F.

Finances, par qui administrées & controllées, en France, 12. & 13.
S. Flour erigée en Euesché, 160.
Foix capitale du Comté de mesme nom, 179.
Plusieurs fondations d'Eglises dans Paris,

Table Alphabetique.

38 & 39. & fuiuant.

Fronfac chafteau bafty par Charlemagne, 183.

Fontaine, lieu de la naiſſance de S. Bernard, 104.

Fontainebleau l'vn des plus ſuperbes baſtimens de l'Europe, & ſa deſcription, 116. & ſuiuant.

Fontaine qui bruſle, 138.

Fontaines dont on ne peut trouuer ny le bout, ny la ſource, 143.

Fontaines pierreuſes, 159

Fontaine de poix, là meſme.

Fontaine d'Egoleine, 172.

Fontaine de Beleſtat prodigieuſe, 179.

Fontaines chaudes & ſalées, 202.

Fontenay le Côte, capitale du bas Poitou, 207.

Situation de la France, ſes tenans & aboutiſſans, & ſes frontieres, 1. 2.

La France a auiourd'huy huict cens lieuës, ou enuiron de circuit, 3.

La France recommandée par ſes prerogatiues particuliers, 4. & 5.

G

Gaillon belle maiſon de l'Archeueſque de Roüen, 235.

Les anciens Gaulois nommés Celtes, leur eſtabliſſement, & leur deſtruction, 2. & 3.

Les Gaules diuiſées par Iule & Auguſte Ceſar en quatre parties, 4.

Generalitez de France, Pourquoy eſtablies, combien il y en a & par qui elles ſont admi-

Table Alphabetique.

nistrées, 12.
Gentilly ancien seiour des Roys, 33.
La riuiere de Gere, 140.
S. Germain en Laye & son chasteau commencé par Charles V. pris par les Anglois sur Charles V. rendu à Charles VII. rebasty par François I. & mis en sa perfection par Henry IV. 229.
Godefroy de Boüillon natif de Boulogne, 61.
Gouuerneur de Prouinces, & iusques ou s'estend leur pouuoir, 14.
Grenoble capitale de la Prouince du Dauphiné, & le siege d'vn Parlement, 138.
Grerie, ruisseau qui sert de borne à trois Prouinces, 220.
Grotte merueilleuse, 202.
Guynes capitale de la Comté de ce nom, & ses particularitez, 61

H

HA & Trompettes chasteaux celebres, à Bourdeaux, 200.
Haure de Grace & sa forteresse, 233.
Henry III. inhumé à Compiegne, & depuis transporté à sainct Denis, 67.
Honfleur & pourquoy ainsi nommé, 233.
Nombre d'Hospitaux dans Paris, 43.
Hospital de Beaune, sa fondation & ses richesses, 108. 109.
L'Hostel de Vauuert, ce que c'estoit anciennement, 32.

Table Alphabetique.

L'Hostel des Tuilleries & sa description, 50.
Huile de Prouence & de Languedoc. 20.

I.

Ioinuille, ou Ianuille, pourquoy ainsi nommé e. 92

L.

Lac sousterrain, 139.
Lac plein durant sept ans, & sec autant de temps, 192.
Laines de Sologne & de Berry. 20.
Langres frontiere de la Champagne & de la Franche Comté, sa situation & ses diuerses prerogatiues, 95. 96.
Laon, sa situation & ses aduantages, 71.
Lapare premier Euesque de Marseille, 153.
Lectoure, ville Episcopale, & remarquable pour son assiette, & la façon de viure de ses habitans, 186.
Libourne, belle ville assise sur la Dordogne, 182.
Limoux & ses bains, 170. 171.
Limoges capitale du Limousin, ses particularitez, & les mœurs de ses habitans, 172. & 173.
Lins & toiles de Beauuais, 19.
S. Lo place forte sur la riuiere de Vire, 226.
Loiret petite riuiere fort remarquable, 130.
Lombez ville Episcopale, 180.
Loudun & son chasteau basty par Iules Cesar, 108.

Description du Louure & son ancienneté, 49. & 50.

Luſſon Bourg & Eueſché, 209.

Luſignan ville ancienne, d'où ſont ſortis les Rois de Chypre & de Ieruſalem, & ſon Chaſteau, 196.

Lyon ville principale des Celtes & le ſiege du Primat des Gaules, recommandable par vne infinité de beaux aduantages, 134. & ſuiuant.

M.

LEs Maiſtres des Requeſtes, & leurs charges, & leurs prerogatiues, 9.

S. Malo baſtie en mer comme vne eſpece d'Iſle. 222. 223.

Mande capitale du Geuodan, 160. 161.

Le Mans capitale du pays du Mayne, l'vne des quatre villes nommées rouges, 217.

Mante, ſon ſiege Preſidial, & ſon Egliſe baſtie ſur le modele de noſtre-Dame de Paris, 254.

Mareſchaux de France, dequoy ils cognoiſſent, leurs marques, & leur nombre. 15. & 16.

Mareſts flottans, 62.

Marſeille Colonie ancienne des Phocenſes Grecs, ſon Academie, ſon port, &c. 152.

Maſcon, ville principale du Maſconnois, 114.

Sainct Mathurin, 120.

S. Maxence ſur Oyſe, 64.

Meaux la meilleure & plus forte place de

Table Alphabetiques.

Brie, & sa description, 76. & 77.
Melun basty comme Paris, 116.
Mets iadis capitale des Medionatrices & le Siege du Royaume d'Austrasie, & de la France Orientale, 86.
La Loy, la grace & le peché dans la ville de Mets, 88.
Meulan remarquable par son fort, 232.
Meziere, 74.
Sa situation, 90.
Mines de fer & d'acier en quelques Prouinces de France, 19. & 20.
Miracle du Sainct Sacrement arriué au lieu, ou sont maintenant les Billettes, 4. 40. & 41
Monastere des PP. Cordeliers nommé Bethleem & basty sur le modele de celuy qui est en la terre Saincte, 74. & 75.
Monceaux maison Royale, 77.
Moncoutour. 207.
Montagne inaccessible, 139.
Montargis & sa description, 121. 122.
Montauban, L'aduantage de son assiette, son siege & autres particularitez, 176. 177.
Le Mont d'Arienes où se prennent quelquefois des Aigles, 224.
Montelimar ville maritime size au bas Valentinois, 144.
Montereau faut Yonne, & sa description, 101.
Montferrant siege des Tresoriers generaux de la Prouince d'Auuergne, 158. & 159.
Montlehery celebre par la deffaite des Bourguignons,

Table Alphabetique.

guignons, 126.
Mont-Louys bourg basty dans vn roc, 206.
Monjoyes, ce que c'est, & pourquoy ainsi nommées, 52.
Montmartre prez de Paris, 30.
Mont-Olympe, 91.
Mont-pellier, nommée Mont de pucelles, & ses autres particularitez remarquables, 165. & 166.
Moulins, capitale du Bourbonnois. Sa situation & description, 125.
Mouzon, 89.
Murailles d'vne Eglise tres-haute, & qui n'ont que la largeur d'vne seule pierre, 103.

N.

Nancy Capitale de la Lorraine, 85.
Nantes ville forte & de grand trafic, 217
La nape sur laquelle nostre Seigneur fit la Cene, conseruée en l'Abbaye d'Vzerche, 174.
Naturel des François, 11.
Negrepelisse reduitte en cendres par le Roy Louys XIII. à cause de sa rebellion, 175. 176.
Nemours ainsi nommée à cause des bois qui l'enuironnent, 120. 121.
Nerac capitale de la Duché d'Albret & iadis le siege de la Chambre de l'Edit en Guyenne, 188.

Table Alphabetique,

Neuers, grosse, & opulente ville sur la riuiere de Loire, 123.
Niort ville celebre pour les foires & pour ses aduantures dans les guerres de France & d'Angleterre. 203.
Nismes seconde Rome des Gaules, son antiquité, son Anphiteatre, & autres raretez considerables, 162. & 163.
Noblesse de la ville d'Amiens, 58.
La nomination des Eueschez & Abbayes appartient au Roy de France, par le concordat fait entre François I. & Leon X. 5.
Noyon, son assiette & ses particularitez, 67.
Nuit à trois lieuës de Verdun. 107.

O.

ORleans autrefois la capitale d'vn Royaume, & ses plus remarquables particularitez, 127.

P.

DEscription du Palais de Paris, sa fondatiõ, & autres choses remarquables, 44.
Palais Galiene, & Piliers Tutels de Bourdeaux, 199.
Pamiers ville Episcopale. 179.
Le Pantheon de Valence, 43.
Le Paraclet, Abbaye celebre, 93.
Description de la ville de Paris, 24. & suiu.
Les Parlemens de France, leur nombre &

Table Alphabetique.

leurs sieges, 6. & suiu.
Le Parlement de Paris, son ancienneté & ses excellences, ibid.
Le Parlement de Paris & ses particularitez, 44. & 45.
Pastels pour les estoffes en Languedoc, 19.
Pasturages d'Auuergne & autres endroits, 19.
Pau lieu de la naissance d'Henry 4. & le siege du Parlement de Bearn, 185.
Le Lac Pauen, 160.
Perigueux capitale du Perigord, 181.
Peronne frontiere de France, & prison de Charles le simple, 65.
S. Pierre le Monstier, ville nouuelle & siege Presidial, 124.
Pierre-late, & son chasteau, 144. & 145.
Pierre qui a soixante pieds de tour, 194.
Plassac chasteau appartenant au duc d'Espernon, 198.
Poitiers capitale du Poitou, la plus vaste & plus champestre ville de France, sa situation, son palais, & ses particularitez les plus remarquables, 193. 194.
Poissy iadis Chasteau de plaisance, ou les Rois faisoient leurs couches, 231.
Poix & resine des Landes, 20.
Police en France par qui administrée, 13. & 14.
Pons Pourquoy ainsi nommée, 197.
Pont à Moussou, & sa celebre Vniuersité, 86.
Pont du S. Esprit, sa Citadelle, & son pont marueilleux, mais dangereux. 162.

é ij

Table Alphabetique.

Pontoise & pourquoy ainsi nommée, 234
L'establissement des preuost des Marchands & Escheuins de Paris, 47. & 48.
Priue la gaillarde, & pourquoy ainsi nommee, 174.
Prouinces de France, 238.
Prouins ville renommeé par ses roses rouges, 84.
Pucelle d'Orleans, 129
Le puis des Saints Forts, 212.

Q.

Sainct Quentin ancienne ville de France, & sa capitale du Vermandois, 68.
Iournée de S. Quentin, 68.

R.

Renes ancien Euesché & Parlement, 221.
Retel, capitale du Retelois, ancien seiour des Romains, 73. & 74.
Rheims capitale de la haute Champagne, son antiquité, & ses autres particularitez recommendables, 72. & 73.
Rion capitale d'Auuergne, 257.
Roane bour celebre, 132.
La Rochelle, capitalle du pays d'Aulnis, ville nouuelle & bastie pour la commodité de son port, &c. 204.
Roche sur Yon, 210.

Rodez, capitale de Rouergue & sa situation, 161.

Romans sur l'Isere, ville bastie sur le plan de Ierusalem, 140.

Roüen capitale de la Normandie, ses fortifications, son Eglises, & ses autres particularitez recommandables, 237.

Ruë d'enfer & pourquoy ainsi nommée. 124.

S.

Saffran de l'Angoumois, 20.
Samathau ville forte, 180.
Saumur en Anjou sur Loire, ville des plus accomplies de la France, 213.
Le sel des costes de Broüages & de pequay, 20.
Semur, capitale & au milieu de l'Auxois, 103.
Senlis ville ancienne de la Duché de Valois, sa description & quelques particularitez remarquables, 63.
Sens pourquoy dite sans Bourgongne & autres particularitez de cette renommee & ancienne ville, 102.
Sainct Seine capitale de la Chalosse, 201.
Siege de Mets par charles V. 87.
Sa situation & sa description, Là mesme & 88.
Siege d'Orleans par Attila, 128.
Simples & plantes medicinales de Montpellier, 20.
Soissons, iadis Royaume sous la premiere race des Roys de France, & ses particularitez, 70.

Table Aphabetique.

La Sorbonne par qui fondée & baftie, 26.
Source qui coule & qui tarit à la naiſſance & à la cheute des feuilles de noyer, 160.

T.

Talmont, principauté, 210.
Taraſcon & ſon Chaſteau baſtis par René Roy de Sicile, 154.
Tarbe capitale de la Bigorre, 184.
Theodore de Beze prieur de Long-Iumeau, 126.
Toloſe capitale du Languedoc, merueilleuſe en toutes choſes, 177.
Tombeaux remarquables dans l'Abbaye de S. Denys, 54. & 55.
Tombeau de S. Pierre de Luxembourg & de la belle Laure, 149.
Tombeau de Noſtradamus Aſtrologue & Mathematicien fameux, 156.
Tombeau miraculeux, 200.
Tonneins bruſlée & demolie pour ſa rebellion, 183.
Toüars ville & Duché, apartenant au Duc de la Tremoille, 209
Toul en Lorraine, & ſa deſcription, 85.
Tournus ville ſcituée dans vn des fertiles & agreables pays de France, 113.
Tour ſans venin, 138.
Tour de Veſune & ſes particularitez remarquables, 182.

Table Alphabetique.

Tour de Mantrible, 197.
Tours sur Loire, recommandable pour beaucoup de rares particularitez, 206.
Tour de Beurre, 237.
La Touure sans aucun nom appellatif qui la puisse particulierement designer, 194.
Tresoriers de France & de combien de sortes il y en a, 12. & 13.
Tresor de S. Denis, & ses raretez, 55
Trou sous le Rosne, 143.
Troye en Champagne, 93.

V.

Valence Capitale du Valentinois, & sa fondation, 142.
Vallée de Torfou, lieu dangereux, 126.
Vendosme, capitale du Vendosmois, pays de Ronsard, 212.
Verdun, 107.
Vienne autrefois le magazin des bleds de Iules Cesar & à present capitale du bas Dauphiné, 140.
Vins d'Orleans & autres lieux, 19.
Vins de Gaillac, 171.
Vire petite ville, assise sur vne riuiere de mesme nom, 226.
Vistres que les rayons du Soleil ne peuuent penetrer, 131.
Vistres, d'où son nom est tiré, deux villes de ce mesme nom & pourquoy, 79. & 80.

Chasteau de bizile fort remarquable, 139.
Les Vniuersitez de France, leurs establissemés,
　& leurs aduantages,　　　　118. & 19.
Vzerche ville imprenable,　　　　173.

X.

XAintes Capitale de la Xaintonge, les delices de la nature & ses anciennes raretez,　　　　196.

Y.

YSsoudun seconde ville du Berry, ses aduantures & sa situation.　　　167.

FIN.

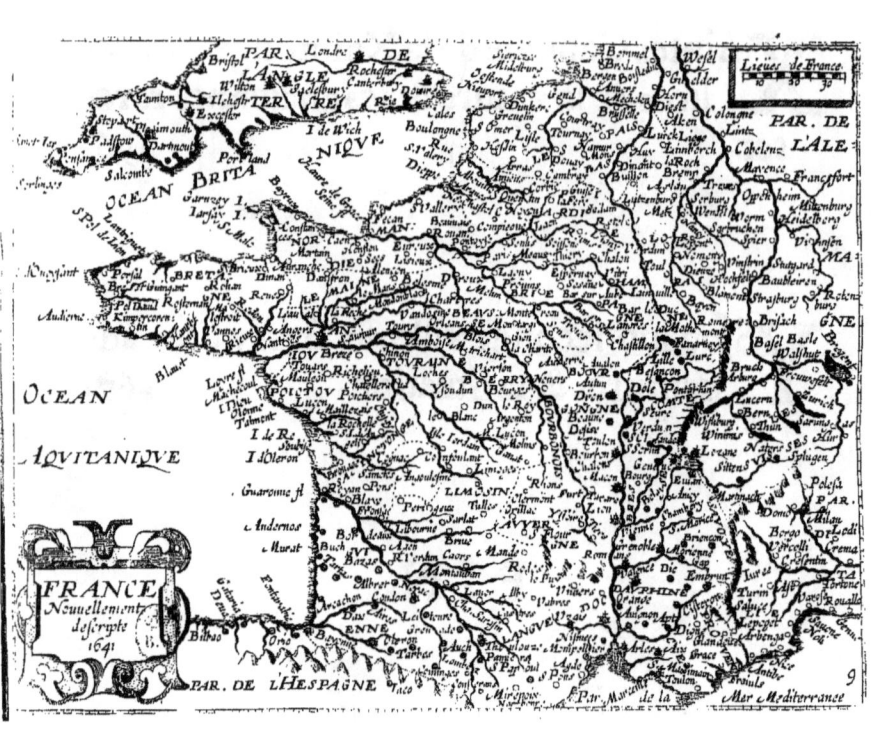

LE VOYAGEVR FRANÇOIS.

DESCRIPTION de la France.

LE Royaume de France est borné d'vn costé de la Mer Occeane, depuis les frontieres de Flandres iusques à S. Iean de Luz, & de l'autre de la Mediteranée, depuis Leucate iusques à Nice en Prouence. Entre ces deux Mers les Pyrenées luy seruent de rempart contre l'Espagne, & le ferment depuis Bayonne iusques à Narbonne ; les Alpes, qui s'eſtendent depuis Aigues-Mortes, iuſques en Sauoye, la diuiſent de l'Italie, le Mont-Iura, ou le Mont S. Claude la ſepare des Suiſſes. Ses autres frontieres ſont bornées de quatre grandes riuieres, le Rhoſne, la Saone, l'Eſcaut & la Meuſe. Encore qu'à dire le vray, il n'a point d'autres limites, que la pointe de l'eſpée des Roys, qui le poſſedent, & qui ont depuis peu d'années paſſé les Monts & trauerſé les riuieres, pour conqueſter le Rouſſillon du coſté des Pyrenées, Briſac & l'Alſace au deça & au dela du Rhin, l'Artois & vne grande partie des bonnes villes de Flandre ſur les bords de l'Eſcaut, la Lorraine arroſée des eaux de la Meuſe & de la Moſelle, & la Sauoye & le Piedmont du coſté des Alpes.

Cét eſprit de Conquerans leur eſt hereditaire, lequel ils ont receu des anciens Gaulois, nommés les Celtes, qui paſſerent iuſques en Aſie, & donnerent leur nom à vne Prouince entiere ; & franchirent les Alpes, gaignerent vne belle portion de l'Italie, se rendirent Maistres de la ville de Rome, & firent trembler le Capitole. C'est ce qui les fit distinguer par les Romains en Cisalpins & &Transalpins, comme la différence de leur cheuelure, les partagea en trois bandes, des Gaulois cheuelus, de longvestus, & de chauffés en braye.

Que si le Ciel fauorisoit les iustes pretensions de nos Roys, la France qui auiourd'huy est diuisée en plusieurs Gouuernemens particuliers dans le circuit de huict cens lieuës ou enuiron, n'auroit point d'autre diuision, ny d'autres bornes, que celles qu'elle auoit sous Cesar, & sous Auguste, qui diuiserent les Gaules en quatre parties, la Celtique, la Belgique, l'Aquitaine, & la Narbonnoise. La Belgique s'estendoit depuis les riuieres de Seine & de Marne, iusques au Rhin, dont les plus belles Prouinces ont esté demembrées de la Couronne. La Celtique est encore à nous, & n'est diminuée que de la Franche-Comté L'Aquitaine est sous vn mesme Maistre. Et la Narbonnoise apres la conqueste du Rousfillon, n'a plus rien a desirer de ses anciennes possessions que la Sauoye.

Qui considerera diligemment la magnificence de ses Eglises, & la Saintete de ses Autels, & de ses Ministres, dira que c'est vn Sanctuaire de la Religion. Ses augustes Compagnies de Iuges Souuerains la font passer pour le Temple de la Iustice. Et ses Vniuersités fameuses sont les lieux, où se sont retirées les Muses bannies de la Grece, & mal traictées à Rome. Qui lira les Histoires Modernes & anciennes, confessera que les François naissent Soldats & Capitaines, puisqu'auec leur espée ils ont planté les Lys sur toutes les terres de l'Vniuers. Et qui aura gousté la douceur du climat, la beauté des Prouinces, la fertilité des terres, les riuieres, les forests, & tout ce qu'on peut souhaiter pour la necessité, ou pour la bien-seance, iugera que c'est la region des miracles, dont le plus remarquable est de voir parmy tant de delices des humeurs moderées, des courages inuinfaibles, vn peuple obeyssant, vne Noblesse hardie, & des beautés sans pareilles, chastes & innocentes. En vn mot, qui verra absolu sur les trois Estats, qui composent son Royaume, l'Eglise, la Noblesse & le tiers Estat, dira que c'est vn Ciel reglé dans ses mouuemens par vne Souueraine intelligence.

Il y a dans la France quinze Archeueschez, Rheims, Sens, Lyon, Bourges, Tours, Narbonne, Ausch, Roüen, Bourdeaux, Tolose, Ambran, Vienne, Aix, Arles, & Paris, sept desquels pretendent le droit de Primatie, à sçauoir, Lyon, Sens, Vienne, Bourges, Narbonne, Roüen & Bourdeaux, & cent deux Eueschés, sans conter celuy de Betlem, dont l'Euesque n'a que sa Crosse & sa Mitre, sans peuple & sans Eglise.

Le Roy nomme au Pape tous les Euesques & Abbés de son Royaume par le Concordat fait entre le Roy François I. & le Pape Leon X. l'an 1515. & ainsi la coustume des anciennes elections fut abolie, au detriment

A iij

de la pieté publique, & au preiudice des merites particuliers des Chanoines & des Religieux.

Le tiltre de Tres-Chrestien est vne marque de la Religion, que les Roys de France ont tousiours suiuie & conseruée depuis Clouis I. la prerogatiue de fils aisné de l'Eglise est vn tesmoignage de l'obeyssance & des seruices qu'ils ont rendus à leur Mere, & les priuileges dont ils iouyssent sont des reconnoissances de la deuotion & de la liberalité de leurs ancestres, qui ont enrichy le S. Siege, & qui souuent ont passé les Alpes pour la cause des Papes.

Il y a dix Parlemens ou Cours Soueraines establies pour l'administration de la Iustice, qui iugent difinitiuement des causes agitées dans les Presidiaux, Seneschaussées, & autres Cours Subalternes: dont le premier & le plus ancien est celuy de Paris, qui est nommé par excellence le Parlement des Pairs, pource qu'autrefois il estoit seul & ambulatoire deuant le regne de Philippe le Bel, qui le fit sedentaire à Paris, l'an 1302. & pource que c'est encore auiourd'huy la Cour Souueraine des Pairs, qui n'estoient que douze au commencement de la troisiesme race des Roys, institués pour assister à leurs Sacres. Les six premiers, qui sont Ecclesiastiques, sõt l'Archeuesque, & Duc de Rheims, l'Euesque & Duc de Laon, l'Euesque & Duc de Langres, l'Euesque & Comte de Beauuais, l'Euesque & Comte de Chaalons, l Euesque & Comte de Noyon. Les autres six estoient Laics, les Ducs de Bourgongne, de Normandie & d'Aquitaine, les Comtes de Tolose, de Flandres, & de Champagne, qui sont representés par d'autres Princes ou Seigneurs François à la ceremonie du Sacre, depuis que cinq de ces Prouinces ont esté reünies à la Couronne, & que la Flandre s'est dispensée de l'obeyssance & de la fidelité, qu'elle deuoit à la France. Les autres Ducs & Pairs sont à present en grand nombre, la pluspart de nouuelle election.

 Le second Parlement est celuy de

Tolose institué sous Philippe le Bel, & depuis restably par Charle VII. les troisiéme, quatrieme & cinquiéme, sont ceux de Grenoble, Bourdeaux & Dijon establis sous le regne de Louys XI. Le sixiéme & septiéme, sont Rouen, & Aix en Prouence institués par Louys XII. Henry II. fit celuy de Bretagne, & Louys XIII. a institué depuis ceux de Pau en Bearn, & de Mets en Lorraine, qui est à present à Verdun.

Outre ces dix Parlemens il y a plusieurs autres Conseils & Cours Soueraines. Le Grand Conseil est vne Compagnie Soueraine dont les Arrests sont executez par tout le Royaume, qui connoist de certains cas particuliers, ou par establissement ancien, ou par attribution, ou par rennoy. Le Chancelier en est le premier President, comme Chef de la Iustice lequel preside en tous les Conseils du Roy, & est le depositaire des grands Sceaux, qui seelle toutes les Lettres de Finance & de Iustice, les Edits irreuocables en cire verte, les Lettres

Patentes ou autres expeditions communes en cire blanche ou jaune & les Prouisions qui concernent le Dauphiné & la Prouence en cire rouge. Il est assis aux pieds du Roy, lors qu'il tient son lict de Iustice, parle pour luy & apres luy pour declarer ses intentions aux Parlemens, & aux Estats Generaux du Royaume.

Les Maistres des Requestes assistent le Chancelier au Sceau par cartier, & ont table chez luy, lequel a estat & pension pour cét effet. Il iuge des causes, que le Preuost de l'Hostel a instruites entre les Officiers, & Commençaux de la maison du Roy. Ils sont Presidens nés au Grand Conseil du Roy, ont seance aux Parlemens deuant le Doyen des Conseillers, president dans tous les Presidiaux & gardent les Sceaux dans toutes les Chanceleries, où ils se trouuent, & reçoiuent plusieurs Commissions extraordinaires dans les Prouinces & dans les Armées en qualité d'Intendans de Iustice.

Le Conseil du Roy est diuisé en

trois ou quatre. Le Conseil d'Estat est pour les affaires des Prouinces, & pour les estrangers, ou les Conseillers assistent les vns par naissance, comme les Princes du Sang, les autres par dignité, comme les Ducs & Pairs, les Cardinaux, les Euesques, les Cheualiers du S. Esprit, les Gouuerneurs des Prouinces, les Mareschaux, & les Officiers de la Couronne, auec les Secretaire d'Estat. Les autres par office, comme les Maistres des Requestes & Presidens des Cours Souueraines, quelques-vns par expresse Commission.

Il y a de plus le Conseil des Finances, le Conseil Priué pour les affaires, euoquées concernans les particuliers & reglement de Iuges sur le conflit des Iurisdictions, ou pour d'autres causes. Et le Conseil secret du Roy, composé de ses plus confidens Ministres.

Les Chambres des Comptes sont establies pour le gouuernement des Finances, lesquelles examinent les comptes des Receueurs & des Fermiers du Royaume, verifient & enregiſtrent les contracts des Mariages des Roys & des enfans de France, Penſions, Lettres de Naturaliſation, reçoiuent les Treſoriers, Receueurs & autres Officiers des Finances, & feruent par Semeſtre.

Les Cours des Aydes iugent les procez qui ſe mouuent au fait des tailles, aydes, impoſts, doüanes, munitions, garniſons, fortifications, empruns, decimes, & choſes ſemblables.

Les Elections doiuent aſſeoir & impoſer les Tailles ſur les Parroiſſes, en iuger les differens. Les Collecteurs amaſſent ces Tailles, & portent les deniers, qui en prouiennent aux Receueurs particuliers des Elections ; & ceux cy aux Receueurs generaux dans les Generalitez des Prouinces, leſquels remettent puis apres ce qui reſte de bon entre les mains d'vn Treſorier de l'Eſpargne, qui le diſtribue enfin par les mandemens du Roy, pour la deſpenſe de ſa maiſon, & pour les autres neceſſitez du Royaume. Ces mandemens ſont controllez par le Controlleur General des Finances, pour eſtre acquittez par les Receueurs Generaux, ou paſſes dans les Chambres des Comptes.

Chacune des Generalitez a certain nombre de Treſoriers, qui ſont les Directeurs des deniers du Roy, pour arreſter les Eſtats des Receueurs Generaux, & donner leurs Ordonnances pour le payement des aſſignations. Il y a ſeize grandes Generalitez, & ſix autres petites, qui portent moins que les autres, & qui ſe gouuernent par Eſtats ſans Elections ; pource que les trois Ordres, l'Egliſe, la Nobleſſe, & le Tiers Eſtat s'aſſemblent tous les ans pour donner au Roy les deniers qu'il demande, à ſçauoir Bretagne, Bourgongne Prouence, Daulphiné, Languedoc & Montpellier.

Outre ces Officiers il y a vn Treſorier des parties caſuelles, qui reçoit le droit annuel, que tous les Officiers de France payent à ſa Majeſté, pour eſtre diſpenſés des quarente iours, qu'ils doiuent viure apres la reſignation admise; & a faute d'auoir payé ce droit, leurs Offices sont vendus aux parties casuelles.

Les Tresoriers generaux de l'ordinaire & Extraordinaire des guerres, dont les vns reçoiuent les deniers ordinaires imposez pour le fait de la guerre, payent la Gendarmerie, & les Compagnies entretenuës: les autres payent les Capitaines, Lieutenans, Enseignes & autres Officiers & Soldats marchans en guerre, ou mis en garnison, & fournissent aux reparations, fortifications & auitaillement des places frontieres, & autres parties inopinées dependantes du fait de la Guerre. Toutes ces Finances sont dirigées par vn Surintendant general assisté de ses Intendans.

Pour la Police, les Communautez ont ou vn Preuost des Marchands & des Escheuins, comme à Paris & à Lyon; ou vn Maire auec des Escheuins, comme à Poictiers & autrefois à la Rochelle; ou vn Maire auec des Iurats, comme à Bourdeaux; ou des Capitoux, comme à Tolose; ou des

Confuls, comme en plufieurs lieux de Prouence, de Languedoc & de Dauphiné. Mais lors que le mal eft refpandu vniuerfellement par tout l'Eftat, & qu'il faut pouruoir aux defordre du Royaume, on affemble les Eftats Generaux, compofez des trois Ordres, l'Ecclefiaftique, la Nobleffe, & le Peuple, qui eft le tiers Eftat.

Et pource que le Prince, qui eft l'ame de fes fujets ne peut pas eftre prefent à toutes les parties de fon Eftat, les Prouinces font gouuernées fous le nom & fous l'authorité du Roy par des Gouuerneurs, commis à cette charge, pour autant de temps, qu'il plaira à fa Majefté. Ils n'ont pouuoir que fur les armes, & ne fe meflent point de la Iuftice, bien qu'ils ayent feance dans les Parlemens de leur refort, où ils ont couftume de prefter le Serment.

Pour l'ordre de la Guerre, le Conneftable eftoit le Chef des armes, & le Lieutenant general des Roys, auec vn plein & abfolu pouuoir, tant aux Armées, que dans les Prouinces &

DE LA FRANCE. 15

dans les places, pour se faire obeyr de toutes sortes de personnes apres celle du Roy. Il gardoit l'espée de sa Majesté, & luy en faisoit hommage, pour la tenir & fief à vie, de la receuoir toute nuë, auec le serment qu'il prestoit au Parlement. Lors que le Roy faisoit son entrée dans les Villes de son Royaume, il marchoit à cheual deuant luy, auec l'espée nuë; comme aux actions solemnelles des Estats Generaux, & quand les Roys tenoient leurs licts de Iustice, il estoit à leur main droite en la méme posture que s'il eust voulu donner à entendre, qu'il estoit prest d'escrire auec la pointe de son espée les Arrests de son Maistre. Cette charge fut supprimée par l'Edit du Roy defunt de l'an 1627.

Sous le Conneftable eftoient les Marefchaux de France; fes Affeffeurs & Conseillers, qui connoiffent des choses militaires, des crimes & des excez commis par les gens de guerre, & des efforts qu'on leur peut faire. Ils connoiffent auffi des prisonniers de guerre, des butins, des soldats vagabonds, deserteurs & débandés. Ils portent le baston pour marque de leur chárge. Au commencement il n'y en auoit qu'vn, puis on en fit deux, trois & quatre, & de nostre temps il y en a eu iusques à douze ou treize, estant bien raisonnable que les honneurs croissent auec les vertus, & les recompenses auec les seruices.

 Le Colonel de l'Infanterie est vn Office de la Couronne, depuis le Duc d'Espernon, qui fut pourueu de cette charge. La Iustice se fait en son Nom dans les Armées sur les gens de pied par vn Preuost des Bandes; & il nomme les Capitaines au Roy, & fait les Sergens Majors, les Mareschaux des Logis, & les autres Officiers de Compagnies dans les Regimens. La Caualerie legere a de mesme son Colonel General.

 Le Grand Maistre de l'Artillerie est comme l'Aigle de Iuppiter, qui pour les foudres de la guerre, fait fondre, esprouuer & monter l'Artillerie,

tillerie, & faire les poudres dans tous les Magazins du Royaume, & defend les droits & l'autorité du Roy par la bouche de ses Canons, & se face plus craindre par vn seul mot, que tous les Orateurs d'vn Pays auec leurs beaux discours estendus. C'est aussi la deuise du grand Maistre d'à present, *Ratio vltima Regum*, que la principale raison des Roys se tire des Canons.

L'Admiral, qui ne quitte iamais sa charge, qu'auec la vie, est Chef & Lieutenant General du Roy en toutes les Armées de Mer, dont il a conduit, ou par soy, ou par ses Vice-Admiraux. Il a la Surintendance de tout ce qui s'y entreprend, & connoist de toutes les fautes, qui s'y commettent. Il iuge de tous les différens de la Marine & de la Pesche, & enterine les remissions des crimes commis sur Mer ou sur les costes. Il prend le dixiesme de toutes les prises, & de tous les profits, qui se font sur la mer, & c'est à luy, qu'il appartient de donner la permission d'aller aux terres neufues pour la pesche des harans & moruës,

B

Pour l'auancement des Sciences, que la France, le refuge des Princes despoüillez a recueillies auec honneur, comme des Reines chassées de leur Empire par la cruauté des Turcs, & par la lascheté des Chrestiens, les Roys ont fondé des Vniuersitez en plusieurs villes de leur Royaume. L'Vniuersité de Paris fut establie par Charlemagne, ou quatre disciple du Venerable Bede establirent le thrône de la Sacréc Theologie: mais s'estant abastardie par la Loy du temps, qui corrompt toutes les beautés du monde ciuil & naturel, elle fut restablie par S. Louys, & accreuë de plusieurs Professeurs Royaux en Hebreux & en Grec, en Mathematique en Medecine & en Philosophie, par les liberalités du Roy François I. le Pere des Armes & des Lettres. Celle de Tolose fut instituée vn peu apres celle de Paris. Celle de Montpellier l'an 1196. où le Pape Vrbain V. fonda vn College, qu'on nomme encore du Pape Martin V. & le Roy Charle VIII. l'annoblirent de plusieurs Priuileges.

Celle d'Orleans fut erigée par Philippe le Bel. Celle d'Angers, l'an 1398. Celle de Caën l'an 1418. Celle de Poictiers 1431. Celle de Valence en Dauphiné par Louys Dauphin de France, & depuis confirmée par luy mesme Roy, accruë & enrichie par l'vnion de celle de Grenoble sous l'autorité de Charles IX. l'Vniuersité de Tournon fut donnée aux Peres Iesuistes par François de Tournon Doyen des Cardinaux, & celle du Pont à Mousson, qui fut fondée par le Cardinal de Lorraine.

Les bleds de la Beauffe, de Sologne, de Dauphiné, de Xaintonge, de Champagne & de Prouence sont des Mines inespuisables. Les vins d'Orleans, d'Anjou, de Gascogne, de Prouence, & de Bourgogne, sont des fleuues de benediction. Les pasturages d'Auuergne, de Limosin, & de la Normandie, nourrissent des toisons d'or. Le terroir de Beauuais a ses lins & ses toiles, & le Languedoc ses pastels pour les estoffes. La Bretagne, le Niuernois, & le Forest ont leur plomb, leur fer, & leur acier pour les vsages de la guerre. L'Angoumois son saffran, & Montpellier ses simples & ses plantes Medicinales. Les Landes ont la poix & resine, & il n'est point de Prouince, qui n'ait receu quelque faueur particuliere. Les Huiles decoulent des Oliuiers dans la Prouence & dans le Languedoc, le Sel croist sur les costes de Broüage, & de Pequay; les voiles & les cordages des Nauires estrangers sont tissus des chanvres de Calais, de la basse Bretagne, de Rouergue & du Quercy; les fins draps se font des laines de Sologne & de Berry; les bons cheuaux se tirent du Poictou, du Limosin, & de l'Auuergne, les fruits viennent par tout.

Nous n'auons pas en France les mines du Perou, mais il y a plus d'or & d'argent dans les coffres des Financiers & des Partisans, qu'il n'y en a dans les montagnes de Potozzy. Si la Rhubarbe, le Sené & quelques autres drogues luy manquent, ses bains & ses fontaines medicinales sont mille fois plus salutaires & innocentes, que ces autres remedes, que la terre ne semble produire qu'a regret. Il n'est pas mesme iusques aux sablons, ny aux deserts, qui par tout ailleurs sont infertiles, qui ne fournissent du gibier & de la venaison pour les tables des grands.

Quand au naturel des habitans, on peut dire, qu'ils ont quelques vices parmy beaucoup de vertus, comme le Soleil a quelques tasches dans ses lumieres. Ils sont adonnées aux femmes, portez au ieu, & enclins à la colere ; & subiets aux blasphemes, & & aux iuremens. Touchant leur legereté, ont peut dire, qu'ils sont sages sans le paroistre, & que n'estans si rudes que les Italiens, ny si arrogans que les Espagnols, ils sont plus agissans que les vns, & plus moderez que les autres. Ils sont propres, & comme nez à tout ce qu'ils entreprennent ; aux Arts, aux Lettres & aux Armes. Ils sont fort curieux en leurs habits & à leur table, & pour la plus grande partie, ils sont comme ce vieux Philosophe, qui portoit tout son bien sur ses espaules. Ils pensent bien moins à garder les deuoirs de la Iustice, qu'à s'aiuster, & ne se soucient point de se faire pauures, pour se faire gentils; leur corps est comme celuy de la matiere, qui reçoit toutes les formes auec vn pareil agréement Ils nourrissent leur cheuelure auec vn tres-grand soing, & en cela ils sont les imitateurs de leurs Peres, qui chasserent les Romains des Gaules.

Les hommes y sont plus beaux, plus grands & plus robustes que les Espagnols & les Italiens, mais moins que les Flamens, Allemands & Anglois. Les femmes y possedent toutes les perfections du sexe, & l'honneste liberté, dont elles sçauent vser auec discretion, rend leur vie autant exempte de soubçon, & esloignée de la ialousie de leurs maris, que leur beauté les rend aymables, & leur douce conuersation agreable aux estrangers.

Tant de Temples richement fondez & magnifiquement bastis sont des marques de la Religion des François,

Les estandarts de la Croix arborez sur les murailles des villes infideles, & les Lys semez sur le Caluaire. L'Europe conquise ou protegée par la force, ou par le bon-heur de leurs armes, publient le courage de la Noblesse, qui a vn soin particulier de son honneur, iusques à l'excez dans la damnable coustume des duels qu'ils pratiquent auec vne grande licence, sans que les Edits du Prince soient capables d'arrester cette ardeur, qui les porte au combat. Les petits sont portez d'vn respect, qui approche de l'adoration enuers les grands & la Noblesse & de la Iustice: si ce n'est, qu'on vueille dire, que la robe y est plus honorée par le peuple pour la necessité, que pour l'opinion. Aussi le Marchant & l'Artisan mesme, s'il est vne fois riche, pousse ses enfans sur les sieges de la Iustice ; & croid que sa famille est bien ornée, si quelqu'vn de ses parens porte vne robe de Conseiller. En vn mot le peuple y est presque par tout assez bon, ciuil, & courtois enuers les estrangers, pour les-

B iiij

quels particulierement i'entreprens la Description de ce voyage, & les prens dans Paris la Capitale de France, pour de là les conduire aux autres Villes du Royaume, apres qu'ils se seront vn peu formez aux mœurs & à la langue du pays.

PARIS.

Sans rechercher l'origine du nom de Paris, si ce fut ce Troyen efféminé, ou la Deesse Isis, dont l'Idole estoit autrefois à S. Germain des prez, qui luy donnerent ce nom, ou bien certains peuples d'Asie, où plustost les habitans du pays ; ie me contente de la reconnoistre pour la Lutece des anciens, & dire auec le Roy François I. que c'est vn pays & non pas vne ville, & auec l'Empereur Sigismond, que c'est vn monde.

Elle est diuisée en trois parties, la Cité, la Ville & l'Vniuersité, qui sont separées par la riuiere de Seine, & conjointes par plusieurs Ponts. L'Vniuerſité eſt au Midy, la Ville au Midy, & la Cité entre les deux.

La Cité eſt le premier Paris & la vieille Lutece entourée de la riuiere, qui ſe diuiſant en deux, forme deux Iſles, au milieu de ſon canal, ou ſont fondez les deux ſieges ſouuerains de la Religion & de la Iuſtice: l'Egliſe Cathedrale dedié à Noſtre Dame, & le Palais pour le Parlement des Pairs, les deux plus Auguſtes Vaiſſeaux de la France, auec l'Hoſtel-Dieu, le Temple de la miſericorde.

La ville eſt le nouueau Paris, ou eſt le beau Peuple, les grandes Egliſes, les Hoſtels des Princes, les maiſons enchantées, & les mines d'or des Financiers, & le Louure, qui eſt la demeure ordinaire des Roys, dont la ſeule galerie qu'Henry IV. commença, pour ioindre le Palais du Louure aux Tuilleries, eſt le deſſein du plus ſuperbe baſtiment de l'Europe.

L'Vniuerſité, qui eſt la troiſieſme ville, ſe peut nommer vne autre Nardea, c'eſt à dire le fleuue des Sciences, comme les Iuifs appelloient ancienment l'Vniuersité de Babylone. C'est là, que les Muses se sont refugiées, où elles occupent vne montagne, qui leur est incomparablement plus auantageuse, que n'estoit le Parnasse & l'Helicon, & plus de soixante Colleges, dont le plus celebre est la Sorbonne, qui fut fondée & bastie par Robert Sorbon, familier du Roy S. Louys, qui a esté depuis peu rebastie auec plus de magnificence par la liberalité du defunt Cardinal de Richelieu, ou ce grand Promoteur des droits de cette fameuse Escole, & de la gloire de l'Estat a choisi sa sepulture. Ieanne Reine de Nauarre, & femme de Philippe le Bel fit bastir le College somptueux de Nauarre. Les autres portent le nom de leurs Fondateurs, Abbez, Chanoines, Euesques & Cardinaux. La Theologie y propose les Sainctes Escritures clairement interpretées, les Peres & les Conciles doctement expliquez, & les mysteres du salut degagez de l'ignorance & de l'herreur ; la Philosophie y descouure les secrets, qu'Esdras rechercoit autrefois si curieusement, & l'Eloquence y est appliquée à des vsages plus loüables, qu'au temps, qu'elle ne seruoit, qu'à decrediter les vertus, & autoriser les vices.

Ces trois villes sont iointes & liées par des Ponts, presque tous de pierre. Le premier & le plus grand est le Pont-Neuf entre le Louure & le Conuent des Augustins, qui fut commancé par Henry III. & acheué par son successeur Henry le Grand. Il contient douze arcades, sept du costé du Louure, & cinq du costé des Augustins, au milieu se termine l'Isle du Palais qui occupe la place presque de deux arcades, ou est esleuée la Statuë de Bronze du Grand Henry à cheual, trauaillée auec autant d'artifice que les pieces de l'Antiquité, qui luy fut enuoyée de Florence par Ferdinand premier, & par Cosme second son fils, oncle & cousin de la defunte Reine Marie de Medicis. A la deuxiesme arche du costé du Louure, on void vne Pompe, qui fait monter l'eaü de la riuiere, & represente la Samaritaine versant de l'eau au fils de Dieu. Au dessus est vne horologe fort artificielle, qui marque les heures de deuant midy en montant, & celles d'apres en descendant, auec le cours du Soleil & de la Lune, les mois & les douze signes du Zodiaque, & sonne les quarts d'heures & les heures auec vne douce Musique, par le concert de certaines clocles.

Le Pont de nostre Dame fut basty sous le Roy Louys XII. par Iean Iucondus Cordelier auec six arches, & soixante huict maisons aux deux costez de mesmes largeur & de mesme hauteur. Le Pont S. Michel basty sous Charles VI. s'abbatit l'an 1546. & fut refait depuis. Ceux du change, des Tournelles, & le Pont Marie sont les derniers faits; deux desquelles ioignent à la Ville & à l'Vniuersité, cette troisiesme Isle, qui semble s'estre esleuée depuis quelques années du fond des eaux, comme vne autre Delos, où l'on a basty vne Eglise à l'honneur de Sainct Louys, auec des logis, qui ne cedent en rien à la magnificence de l'ancienne Rome.

La ville a huict portes, sçauoir celles de S. Antoine, du Temple, S. Martin, S. Denis, Mont-Martre, Richelieu, S. Honoré & la Porte-neufue. La Cité en auoit autrefois quatre à la teste d'autant de Ponts. L'Vniuersité en a neuf, Sçauoir S. Bernard, S. Victor, S. Marcel, S. Iacques, S. Michel, S. Germain, Buffi, la Dauphine, & de Nesle. Ses principaux Faux-bourgs sont S. Antoine, au bout duquel l'on apperçoit le Chasteau du Bois de Vincennes, où Louys VII. fonda les Religieux de Grandmont. Philippe Auguste fit renfermer le Bois de murailles, & ietta les premiers fondemens du Chasteau. Philippe de Valois esleua la Tour iusques au rez de la chaussée, que le Roy Iean poursuiuit, & que Charles V. son fils acheua. Il semble que ce Chasteau a esté choisi de Dieu, pour y faire naistre, viure, regner & mourir les plus grands Roys.

Le Faux-bourg S. Martin, où est l'Eglise de S. Laurens, & le Conuent des Recollets. Celuy de S. Denys, où est le Prieuré de S. Lazare, occupé maintenant par vne compagnie de Prestres de la Mission.

Montmartre peut passer maintenant pour vn des Faux-bourgs de Paris, qui est vne colline, où les Parisiens adoroient l'Idole de Mercure ou de Mars, auant que S. Denis y endurast le Martyre, pour la verité de l'Euangile, qu'il auoit preschée aux François. C'est vne tradition que cét Apostre, la gloire de l'Areopage, & le Disciple de S. Paul, porta sa teste entre ses mains depuis Montmartre, iusques au lieu, qui porte son Nom Il y a sur ce Mont des Martyrs vne Chappelle, vne Eglise, & vne Abbaye de Religieuses.

Le Faux-bourg S. Honnoré vous conduit à Ruel, l'vne des belles maisons qui soit aux enuirons de Paris. Au Fauxbourg S. Germain, l'on void le Palais d'Orleans, ou l'Hostel de Luxembourg, l'ouurage de Marie de Medicis, auec les Iardins, les Chambres, les Sales, & les Offices dignes d'vne Majesté de France, & les actions principales de la vie de cette Princesse depeintes dans vne grande Galerie. Il y a pareillement l'Abbaye de S. Germain, qui donne le nom aux Faux-bourg, dont les premiers fondemens furent posés par Childebert fils de Clouis, pour y mettre la Tunique de S. Vincent, qu'il auoit apportée d'Espagne auec vne Croix d'or massif. Il est inhumé derriere le grand Autel, Chilperic fils de Clotaire dans le chœur, & Clotaire à l'entrée du chœur. Elle changea de nom sous le Roy Pepin, & au lieu qu'elle estoit sous le tiltre de S. Vincent, elle fut dedié à S. Germain, lors que par le commandement de ce Prince le corps de S. Germain y fut transporté de la Chappelle de S. Symphorien, où il reposoit. Le Pape Alexandre III. persecuté par l'Empereur d'Allemagne, s'estant ietté entre les bras de la France, benit & consacra cette Eglise, & l'exempta de la Iurisdiction des Euesques.

Dans le Faux-bourg S. Michel l'on void les Chartreux, que S. Louys retira de Gentilly, ou ils estoient, pour les loger dans l'Hostel Royal de Vauuert, ou ils sont à present. Cét Hostel estoit si infecte de Lutins, que que les tesmoignages publics nous en demeurent encore dans le Prouerbe du Diable de Vauuert, mais comme les oyseaux de nuict se retirent dans leurs troux, au leuer du Soleil, de mesme ces Esprits de tenebres cederent la place à ces bons Religieux.

Le Faux-bourg S. Iacques, où sont les Peres de l'Oratoire, & le Conuent des Carmelites vous conduit à Arcueil & a Gentilly; dont celuy là estoit vn des lieux de plaisance de ces vieux Romains, qui se seruans de la commodité des fontaines, firent des Arcs, ou Aqueducts, pour conduire l'eau dans la ville, comme Iulien l'Apostat en fit couler par des tuyaux de plomb iusques dans son Palais, qui est auiourd'huy l'Hostel de Cluny. Et la defunte Reine Marie de Medicis fit rompre les vieilles murailles de brique, qui seruoient autrefois de soustien aux Aqueducts, & fit faire ce Pont magni-

magnifique, digne de ſes penſées Royales, auec les canaux, qui portent l'eau dans l'Hoſtel de Luxembourg.

Gentilly eſtoit le ſeiour délicieux des Roys de la premiere & ſeconde race, ou ils tenoient les aſſemblées du Royaume, & leurs Parlemens, lors qu'ils auoient quelque affaire d'importance à decider. Au haut de ce village l'on voyoit encore il n'y a pas long temps les reſtes du Royal Chaſteau de Vinceſtre, baſty par Iean Duc de Berry, ſous le regne de Charles V. qui fut pillé & demoly par les Bouchers & eſcorcheurs de Paris, armez & ſouleuez en faueur du Duc de Bourgogne ſous Charles VI. De ſorte qu'il n'en reſta que les ruynes, qui furent raſées l'an mil ſix cens trente-deux, pour faire vn Hoſpital des Soldats eſtropiés au ſeruice du Roy, & deſlors on commença la cloſture auec des pauillons aux quatre coings, vne face du baſtiment & vne Chapelle, qui fut beniſte par l'Archeueſque de Paris. Le Peuple nommoit ces ruines

C

le Chasteau de Bisseſtre, & en faiſoit vne eſcole des ſciences noires, où le Diable auoit douze eſcoliers, auſquels il enſeignoit les ſecrets de la Magie.

Le Faux-bourg S. Marcel aboutit aux Gobelins, ou paſſe la petite riuiere de Bievre, dont les eaux ſont les meilleures du monde pour teindre en eſcarlate. Prés de cette riuiere, qu'on nomme auſſi des Gobelins, du nom de ces fameurs Teinturiers, on a trouué depuis quelques années des tombeaux de belles pierres, pleins d'oſſemens d'hommes, grands outre meſure, que quelques vns penſent eſtre de ces anciens Normans, qui ont rendu leur memoire illuſtre en France par le ſang & par le feu.

Dans le Faux-bourg de S. Victor il y a l'Abbaye du Sainct qui donne nom à ce cartier, laquelle eſt de fondation Royale, baſtie par Louys le Gros, remiſe par François I. & enrichie d'vne tres-belle Bibliotheque. Il y a dans le meſme Faux-bourg vn beau Iardin Royal de plantes Medecinales, digne de curioſité des bons eſprits.

A l'entour de Paris, il y a d'autres lieux qui meritent d'estre visitez des Estrangers, comme le Bourg de Sainct Cloud, ou le cœur d'Henry III. est inhumé, & ou l'on void la belle maison de l'Archeuesque de Paris, ses iardins diuisés en estages, comme vn Amphiteatre, dont les compartimens, les grottes, les cascades, les fontaines, les grandes allées, & vne excellente perspectiue, qui trompe les plus fins par vn faux iour, sont capables de contenter la veuë des curieux.

Madrid qui est vn Chasteau Royal, basty par le Roy François I. dans le bois de Bologne, sur le modele de celuy, ou il fut prisonnier à Madrid en Espagne, apres la funeste iournée de Pauie.

Conflans, où la Seine & la Marne se joignent dãs vn mesme canal, & Charenton ou ceux de la Religion pretenduë font leurs exercices publics. Entre Conflans & Charenton, il y auoit vn Echo, le plus merueilleux de l'Europe, auant que les Carmes Deschaussez y eussent fait bastir vn Conuent, lequel respondoit iusques à dix fois, auec tant de violence, que les boulets de Canon animez du feu & de la poudre ne sifflent pas plus fort.

Si nostre voyageur a autant de deuotion que de curiosité, il visitera premierement les Eglises de Paris, & cōmencera par la Cathedrale dediée à l'honneur de nostre-Dame, dont les fondemens sont posez sur des pilotis, & toute la masse soustenuë de six vingt piliers, qui font cinq grandes allées, dans le corps de la Nef. Sa longueur est de 174. pas, sa largueur de 60. & sa hauteur de cent. Elle contient 45. Chappelles treillissees de fer, & est ouuerte par onze portes dont les trois grandes sont sous vn frōtispice, chargé des statuës de 28. Roys, & appuyée de deux grandes Tours, ou l'on monte par 389. degrez. On y conte 42. Chanoines, auec huict dignitez, outre six grands Vicaires. dix Chanoines de S. Denis du Pas, six autres & deux Cutez de S. Iean le Rond, deux Chanoines & deux Vicaires de S. Agnen, douze enfans de chœur, les clercs de Matines, & cent 40. Chapellains fondez pour le seruice de ces quarante-cinq Chappelles. Vn Euesque preside sur cette venerable Compagnie, lequel fut honoré du tiltre d'Archeuesque l'an 1622. par le Pape Gregoire XV. à la requeste du Roy Loüys XIII.

Il y pourra considerer le Crucifix, qui est au dessus de la grande porte du chœur, auec sa Croix & son pied fait en arcade, soustenant l'image de la Vierge au bas, comme vn chef-d'œuure de sculture, pour estre fait & taillé d'vne seule piece. La statuë de Philippe de Valois à cheual contre vn pilier, lequel ayant defait 22. mille Flamans en bataille rangée, entra tout armé & monté à l'auantage dans cette Eglise, pour offrir ses armes & son cheual à Dieu & à sa Mere.

Les Tableaux, les Tombeaux des Princes, Princesses, Cardinaux, Euesques & Seigneurs, dont il pourra recueillir les Épitaphes; & flechira les genoux deuant l'Autel de la Vierge, auec le peuple de Paris, qui vient tous les iours à la foule, pour implorer son

C iij

secours, ou luy rendre ses actions de graces des faueurs, que les particuliers, & tout le Royaume reçoit de ses obligeantes mains, depuis que le Roy Louys XIII. mit sa Couronne & sa personne sous sa protection.

La Saincte Chapelle bastie par S. Louys ioignant le Palais, afin que la Pieté & la Iustice eussent vn mesme Temple, comme l'honneur & la vertu l'auoient autrefois chés les Romains. Les Architectes admirent la conduite du bastiment des deux Chappelles la basse & la haute, portées l'vne sur l'autre par des colomnes, qui semblent foibles, & la prennent pour vn ouurage le plus hardy, qui soit au deça des Mons. Elle a le nom de Saincte, à cause des Reliques des Saincts qu'elle possede par la pieté de Sainct Louys.

S. Germain l'Auxerrois fondé par Clouis à l'honneur de S. Germain Euesque d'Auxerre. L'Eglise de S. Nicolas des Champs fondée par le Roy Robert, & ou ce Religieux Prince alloit ordinairement chanter au chœur auec les Prestres. Celle des Innocens bastie sous le regne de Philippe Auguste, qui chassa les Iuifs de la France, pour auoir crucifié vn petit enfant, & confisqua leur habitation à Dieu pour bastir cette belle Paroisse, qui a vn cimetiere, enceint de tous costez d'vn cloistre, ou l'on tient que les corps sont consommez en huict iours. S. Paul, où les Rois alloient autrefois à la Messe, comme Parroissiens, & ou les Cheualiers posoient leurs enseignes & leurs blasons, au sortir des joustes & des tournois, qui auoient coustume de s'ouurir dans la ruë de S. Antoine, auant que l'esclat d'vne lance eust arraché l'ame par les yeux à Henry II. & fait tomber sous ses ruines l'esclat des Tournelles. Sainct Eustache la plus grande & la plus nombreuse Parroisse de France.

L'Abbaye de Ste. Geneuiefue, fondée par le Roy Clouis tombée, dont le Tombeau est au milieu du chœur son Epitaphe. Le Prieuré de S. Martin des Champs fondé par Henry I. en memoire d'vn illustre miracle, operé par ce grand Thaumaturge sur la personne d'vn ladre, qu'il guarit par son attouchement. Celuy de Sainéte Geneuiesue des Ardens, qui a pris son nom de la guarison de plusieurs malades affligés du feu sacré, & guaris par l'intercession de cette Vierge. Celuy des Billetes basty par Philippe le Bel, à l'occasion d'vn Iuif, qui ayant pratiqué vne femme Chrestienne, transperça la Saincte Hostie d'vn canif, puis la ietta au feu, d'où elle sortit aussi entiere, que du Ciboire, & la mit dans l'eau boüillante qui fut aussi tost teinte de sang. L'on monstre encore le canif teint de sang tous les ans le premier Dimanche apres Pasques.

Il y a plusieurs autres Parroisses, Conuents & Eglises, ou nostre voyageur pourra recueillir vn grand nombre d'Epitaphes, qui valent bien autant pour le moins, que celles que Gruterus a ramassées des cendres d'vne prophane antiquité. Entre autres le Conuent & l'Eglise des Celestins, ou l'on void les Tombeaux de la Maison d'Orleans auec leurs figures d'vn tres beau marbre, si artistement travaillées, qu'on les prendroit plustost pour les Originaux, que pour des Pourtraits, si la main ne corrigeoit la veuë, ceux des Seigneurs de Luxembourg, de l'Admiral Chabot, de Leon de Luzignan Roy d'Armenie.

Le Conuent & l'Eglise des Freres Prescheurs, d'où sont sortis les Alberts & les Saints Thomas, & où sont inhumez tant de Princes; & Humbert de la Tour, Prince, Dauphin, qui donna le Dauphiné à la Couronne, a condition que le fils aisné de France porteroit le tiltre de Dauphin, & se fit Religieux de cét Ordre. Le Conuent des Cordeliers ou l'on a veu iusques à sept cens Religieux estudians, & d'où sont sortis tant de grands hommes portez aux premieres charges de l'Eglise, quelques-vns desquels ont monté sur le S. Siege. Nicolas de Lyra repose dans leur Chapitre.

Les Augustins establis par le mesme S. Louys, au lieu ou estoient les Templiers, auant qu'ils eussent esté supprimés par l'autorité du Cöcile de Vienne ne, dans l'Eglise desquels Henry II. voulant reconnoistre la faueur qu'il auoit receuë de Dieu, qui luy auoit donné deux Couronnes, celle de Pologne, & celle de France, aux festes de la Pentecoste, vn an l'vne apres l'autre, institua l'Ordre des Cheualiers du S. Esprit.

Le Temple qui est vne espece de ville ceinte de murailles, ou logeoient les anciens Templiers, auant leur suppression, où nos Roys demeurerent quelque temps, & mirent leur Thresor & leurs Archiues dans la grosse Tour, & enfin en gratifierent les Chevaliers de Malthe.

La somptueuse Eglise des-Iesuistes dans la ruë de sainct Antoine. Celle des Minimes de la place Royale, les Carmes, les Capucins, les Fueillans, & vn nombre presque infiny de filles Religieuses.

Apres ce Religieux employ, nostre voyageur visitera les Hospitaux. Charlemagne fit bastir celuy de S. Iacques en la ruë S. Denis, pour receuoir les Pelerins de Compostelle. S. Louys fonda les Quinze-vingts, pour les trois cens Cheualiers Chreſtiens, a qui les infideles auoient creué les yeux. Les premiers fondemens du grand Hoſtel-Dieu furent auſſi iettez par S. Louys, & depuis Meſſire Antoine Duprat, premierement Chancelier de France, puis Cardinal & Legat en ce Royaume le fit accroiſtre vers le coſté du Nort, ou eſt la Sale, qu'on nomme encore à preſent du Legat.

Il y a de plus les Hoſpitaux du S. Eſprit, des Enfans Rouges, & de la Trinité pour les Pupilles & Orphelins, ou ce petit peuple eſt nourry & eſleué iuſques a vn aage capable de quelque honneſte meſtier, qu'on fait leur apprendre, les enfans trouuez, les Incurables, les Innocens & les Fols, y ont auſſi leurs Hoſpitaux. Mais l'vn des mieux reglez eſt celuy des Freres de la Charité aux Faux-bourg Sainct Germain.

Puiſque François I. ne put rien monſtrer à l'Empereur Charle-Quint, qui fit mieux paroiſtre la grandeur & la gloire du Royaume de France, ie ne sçaurois aussi faire rien voir à mon voyageur, qui soit si auguste apres la Religion, que le Palais, où il semble que la Majesté du Senat de Rome se soit iointe auec l'integrité de l'Areopage d'Athenes, pour donner vn Temple à la Iustice, lequel fut basty sous Philippe le Bel, par Enguerrant de Marigny, Sur-Intendant des Finances. La Sale des Procureurs est vn des beaux vaisseaux de France, où les Statuës des Roys estoient releuées en leur proportion naturelle, auant qu'elle fut bruslée par ce grand embrasement de l'an 1618. qui consomma pareillement la Table de Marbre, l'vne des plus belles pieces de l'Europe, ou le Connestable, les Mareschaux & l'Admiral auoient leurs Iurisdictions, comme ils l'ont encore, & où les Roys venoient faire le festin de leurs nopces, & de leur premiere entrée dans la ville de Paris.

Le Parlement est composé de la Grand'Chambre, de cinq Chambres des Enquestes, de deux des Requestes, de la Tournelle, & de la Chambre de l'Edit. Dans la Grand' Chambre, qu'on nomme auſſi la Chambre dorée, pour auoir eſté lambriſſée de culs de lampes dorez par Louys XII. Le Roy tient ſon lict de Iuſtice, auec ſes Pairs; les Conſeillers & Aduocats y preſtent le ſerment, & les Roys Eſtrangers y ſont autrefois venus plaider leurs cauſes, & ſouſmettre vne partie de leurs Eſtats à l'autorité de cette Auguſte Compagnie. La Tournelle connoiſt des Crimes, & la Chambre de l'Edit eſt inſtituée pour ceux de la Religion pretenduë.

La Chambre des Comptes eſt dans l'enceinte du Palais, deuant la Sainte Chappelle, où l'on void cinq grandes Statuës ſur le deuant, la Temperance qui tient vne horologe & des Lunettes à la main, auec cette deuiſe, *Mihi ſpreta voluptas.* Ie meſpriſe les voluptez. La prudence auec vn miroir & vn crible, *Conſilijs verum ſpeculor.* Ie contemple la verité dans mes Conſeils. Le Iuſtice tient vne balance & vne eſpée, *Sua cuique miniſtro.* Ie rends à vn chacun le ſien. La Force embraſfant vne Tour d'vne main, & ferrant vn ferpent de l'autre, *Me dolor a que metus fugiu.u*. Ie chaffe le regret & la crainte. Au milieu de ces quatre vertus, qui font comme les quatre Elemens du monde Politique. Paroift le Roy Louys XII. auec les armes de France, & la Deuife de ce Prince, qui eft vn Porc-Efpic.

La Cour des Aydes eft a cofté, baftie de neuf pour les principaux baftimens, pour ce qui concerne les impofts & les Tailles, qu'on nomme les fubfiftes & les aydes du Royaume. On en attribuë la premiere inftitution à Charles VI. qui commit de ces fauoris, pour la leuée des deniers.

Hors du Palais, il y a le grand Chaftelet, que Iulien l'Apoftat Gouuerneur des Gaules fit baftir, & Philippe Augufte rebaftir, pour eftre le fiege ordinaire du Preuoft de Paris, chef de la Iuftice & de la Police de cette grande Ville, & de la Vicomté, qui a fous luy trois Lieutenans, le Ciuil, le Criminel & le Particulier, vn Procureur, vn Aduocat du Roy, grand nombre de Conseillers, le Conseruateur des Priuileges Royaux de l'Vniuersité, les Commissaires distribuez par les seize cartiers de la ville, les Greffiers, les Notaires, les Sergens à cheual & à verge, qui font tous les ans vne monstre magnifique le lendemain de la Trinité.

Charles IX. augmenta la ville d'vne nouuelle Iurisdiction, composée de cinq notables Bourgeois, dont le plus ancien se nomme le Iuge des Marchands, & les autres Consuls, qui iugent des procez & differens esmeus entre les Marchands, pour le fait de leurs marchandises, sãs estre abstrains à tant de Loix & Ordonnances, qui sont presque aussi dommageables au bien public, que le grand nombre des Medecins à la santé des Malades. Leur bourse, où le lieu de leur Iustice est dans le cloistre de S. Merry.

Philippe II. surnommé Auguste se preparoit au voyage de la Terre Saincte, fit fermer de murailles la Ville de Paris du costé du petit Pont, & en donna le Gouuernement à cinq graues Personnages, qui se nomment Escheuins, & leur chef Preuost des Marchans, & voulut que leur Armes fussent vn Escu de Gueules à la Nef d'argent, au chef d'Azur, semé de Fleurs de Lys d'or. Ce sont eux qui ont la charge des fortifications & bastimens publics, qui mettent la taxe au bled, au vin, & au bois; qui gardent les clefs de la ville, comme les Maistres de la maison; qui donnent le mot du guet en temps de guerre, distribuent les passeports, & qui portent le Daiz d'Azur sur leurs Majestés, lors qu'elles font leur entrée dans Paris. Leur Hostel de ville est dans la place de Greue d'vne mesme Architecture que le principal bastiment du Loure, qui fut refait par Henry IV. auec la Sale, où sont les Tableaux des Escheuins, ses Pauillons, ses Colomnes, la Tour de l'horologe, & l'effigie de ce bon Prince à cheual sur la Porte.

Enfin nostre Voyageur pourra voir à loisir les Hostels des Princes & des Seigneurs, comme celuy de Luxembourg dont i'ay desia parlé, de Condé, de Guise, de Guise, de Soissons, de Vendosme, de Neuers, de Longue-ville, de Richelieu qu'on nomme le Palais Cardinal, la place Royale, qui a autant de Palais, que de maisons, toutes d'vne semblable struture, auec leurs allées couuertes à l'entour, & au milieu vne statuë de bronze du Roy Louys XIII. en posture & en habit de vainqueur, où estoit autrefois l'Hostel des Tournelles, demoly par le commandemēt de Catherine de Medicis, apres la mort de son mary Henry II. qui mourut dans cet Hostel, d'vne blessure qu'il receut à l'œil dans vn Tournois aux nopces de sa fille auec Philippe II. Roy d'Espagne.

Le Louure qui est le logis ordinaire du Roy, dont les premiers commancemens sont de Philippe Auguste, lequel donna des murailles à la ville, paua les ruës, & fit bastir les halles. Charles le sage l'augmenta de beaucoup. François I. & Henry II. luy donnerent vne nouuelle face, que Louys XIII. defunt auoit continuée. Le bastiment en est superbe, & d'vne
D

riche Architecture, qui sert d'estude aux sçauans du mestier, & d'admiration à tous les estrangers. On y void vne sale des Antiques, remplie de pieces curieuses, comme est vne Diane d'Ephese, qui demande bien d'estre consideree.

L'Hostel des Tuilleries est ioinct au Louure par vne grande Galerie enrichie de plusieurs rares Tableaux, qui font reuiure les Roys de France en leurs images. A cette Galerie en est attachée vne autre le long de la riuiere, qui conduit iusques aux Tuilleries, où se void vn beau iardin, & vn escalier en coquille de limaçon suspendu en l'air sans aucun noyau, qui soustienne les marches. C'est vn chef-d'œuure d'Architecture qui passeroit pour vn miracle, si Vitruue l'auoit descrit.

La Bastille, qui est vn Chasteau assis contre la porte de S. Antoine, de forme carrée, flanqué de quatre tours, basty par vn nommé Aubriot, qui l'eut le premier pour prison, comme on raconte d'Enguerrand de Marigny, qu'il fut pendu le premier au gibet de Montfauçon, qu'il auoit fait dresser, & depuis vn nommé Pierre Remy l'ayant fait refaire, y fut aussi attaché.

L'Arsenal est contre la riuiere, auec vn beau logement pour le grand Maistre de l'Artillerie.

Si nostre Voyageur veut considerer par le menu les beautez de cette Ville, il est a craindre, qu'au lieu de passant, il ne deuienne habitant de Paris, charmé par les objets, qui se presentent de tous costez à ses yeux, capables de faire changer d'opinion à toute la secte des Philosophes, que le Sage peut bien estre à couuert des traits de la fortune, mais qu'il n'est pas insensible aux attaques de la volupté. Il en faut sortir.

Le Chemin de Paris à S. Denys, Beauuais & Amiens.

A Saint Denis.

Sortant de Paris pour aller à S. Denys, il ne faut fuiure, que les Mont-joyes, qui font de grandes Croix, ou l'on tient que l'Apoftre de noftre France ; ayant efté decapité à Mont-Martre, & portant fa tefte au lieu, qui porte à prefent fon nom fe repofa, & mefme aux funerailles des Roys, lors qu'on porte leurs corps dans leur fepulture Royale, on y fait des ftations, depuis qu'on y erigea ces Croix & ces Statuës, aux obfeques de S. Louys.

La ville de S. Denys n'eftoit autrefois qu'vne ferme de la vertueufe Catulle, qui enterra dans fon fond les corps de S. Denys & de fes Compagnons Elle s'accreut peu à peu iufques au Roy Dagobert, lequel y fit baftir vne fuperbe Eglife, couuerte d'argent, & confacrée, à ce qu'on tient par tradition, de la propre main de

DE LA FRANCE. 53

Iesus-Christ, le souuerain Pontife des ames. Cette creance fit vne telle impression sur les esprits du peuple, qu'õ commença des lors à former le plan d'vne ville, dont il donna la souueraineté à l'Abbé, auec vn tel Empire, que les habitans n'estoient que ses Esclaues. Charlemagne, Charle le Chauue & plusieurs autres Roys ont accordé de tres-grands Priuileges à cette Abbaye, & à l'Abbé, qui est Conseiller né au Parlement de Paris, par la concession de Philippe le Long, qui ouurit le Temple de la Iustice, à celuy qui est le Depositaire de la Couronne dont les Roys couronnez au iour de leur Sacre, & des autres ornemens Royaux, & qui l'estoit autrefois de l'Oriflamme, que nos Roys alloient prendre sur l'Autel de S. Denis, auant que d'entreprendre les Guerres estrangeres.

Abbaye de S. Denis

L'Eglise a trois cens quatre vingt-dix pieds de longueur, cent de largeur, & quatre-vingt de hauteur, dans l'œuure. Les voutes sont soustenuës de soixante piliers; il y a trois portes de bronze doré. Le Chœur est diuisé en trois: dans le premier sont les Tombeaux de Charle le Chauue, de Louys & de Dagobert son Pere, de Charle Martel, Hugues Capet, & Eude Roy par vsurpation. Dans le secõd on void encore les marques des Tombeaux du Roy Philippe Auguste, de Louys VIII. de son fils S. Louys, qui estoient couuerts d'argent, & qui furent pillés par les Anglois. Ceux de Philippe le Hardy, de Philippe le Bel, & de plusieurs autres Roys & Reines, & particulierement celuy de Charles VIII. fait de cuiure doré auec sa Statuë à genoux, & son Epitaphe, qui declare ses victoires sur le Breton, ses triomphes dans l'Italie, ses conquestes de Naples, & le secours, qu'il ietta dans l'Angleterre, pour le party d'Henry. Dans le troisiéme on en void aussi d'autres, auec la vision qu'eut Iean l'Hermite touchant l'estat de l'ame de Dagobert.

{.sidenote}
Tombeaux des Rois de France.

Hors du chœur on void le riche Mausolée de François I. & de Messieurs ses enfans, du Connestable du

Guesclin, auec vne lampe entretenuë par fondation sur son Tombeau dans la nef, les magnificences funebres de Louys XII. surnommé le pere du Peuple, & d'Anne de Bretagne sa femme, releuées en albastre. Enfin il y a plusieurs raretez precieuses, qui sont gardées dans le Tresor; & mesme plusieurs belles curiositez, comme des vases, & des bassins prodigieux, faits d'vne seule pierre, qu'on peut voir dans l'Abbaye, auec le bon plaisir des Religieux de l'ordre de Sainct Benoist. *Tresor de S. Denis.*

De S. Denys vous allez par vn bon chemin & passez par les villages de PierreFicte, S. Brixe, Moiselle, & Presle, puis par Beaumont petite ville, par l'Abbaye de Pisieux, Ste. Geneuiefue, Tillart, Bescourt, Varemy, Lusne & de la vous arriuez à Beautiais, distant enuiron de dix-huict lieuës de Paris.

Beauuais, est vne ville ancienne de figure ronde, enuironnée de bons fossez presque tous remplis d'eau, & ceinte de murailles de pierre de taille blanche, assise dans vn des meilleurs *Beauuais 18 l.*

pays de France, arrousé des rivieres de Therain, Auelon, Aironde, Araynes, & la Breche, & de plusieurs fontaines medicinales, comme celles de Forges. L'Euesque en est Comte & Seigneur, l'vn des douze Pairs de France, qui ont droit d'assister au Sacre des Roys, & garde les clefs de la ville, de laquelle sont sortis des personnages fort illustres, comme Iean de Berancourt, Roy des Canaries, quatre grands Maistres de Malthe, & vn Admiral de France. Le Marché est vn des plus grands qui soit en France, respondant aux principales ruës, & capable de faire monstre d'vne armée: & la maison Episcopale est vne des plus belles & des plus fortes du Royaume, qui ressent son Comte & le Seigneur de la ville. Louys XI. accorda plusieurs Priuileges & particulierement aux femmes, qui repousserent Charles Duc de Bourgogne son ennemy, l'an 1472.

Courage des femmes de Beauuais.

Vous auez de Beauuais iusques à Amiens quinze ou seize lieuës de chemin, par Lesquippée, Creuecœur petite ville, la forest de Catay, Fontaines, Croisy, Lescau, Tilloy, Champegneul, & Amiens esloigné de Paris enuiron de trente vne lieuës, par ce chemin.

Amiens capitale de la Picardie est bastie sur les bords de la Somme, nommée des Latins, *Ambranum*, pour estre entourée d'eau presque de tous les costez, fortifiée de la nature & de l'art, & gardée par vne citadelle, qu'Henry IV. fit bastir apres qu'il l'eut repris en Lyon la ville, que les Espagnols auoient prise en renards, nõobstant la courageuse resistance des assiegez, & le puissant secours de l'Archiduc Albert, qui estoit venu en Capitaine se presenter deuant le Camp pour la conseruation de sa conqueste, & se retira en Prestre. Les Roys de France, d'Angleterre, d'Arragon, de Nauarre & de Boheme, auec vn grand nombre de Seigneurs, se sont autrefois assemblez dans cette ville, pour contribuer leurs armes & leurs finances au recouurement de la Terre-Saincte. Les Roys Louys XI. de

A.
Amiens
33. l.

France, & Edoüard d'Angleterre s'abboucherent à trois lieuës de cette ville, ou le bon vin que les François firent boire à ces Insulaire les obligea de s'escrier, largesse au bon Roy de France. Isabeau femme de Charles VI. y establit vne Cour Souueraine de Iustice pendant l'indisposition de son mary. L'Eglise Cathedrale est vne des plus magnifique de France. L'Arsenal est bien fourny, & tel qu'il le faut pour vne clef de France.

Noblesse de la ville d'Amiens

Autre Chemin de Paris à Amiens, Boulogne, Guisnes & Calais.

SI vous voulez tenir vn autre chemin, lors que vous serez sortis de S. Denys, vous viendrez par Pierre-Ficte, Sercelles, & Viliers le Bel; & laisserez à main droicte Escouan, maison tres-belle de la terre & Duché de Montmorency, autrefois la plus ancienne Baronnie de France, tenuë immediatement de la Couronne, à vn Faucon d'or de relief, &

DE LA FRANCE.

ayant plus de six cens fiefs releuans de sa Seigneurie. De là vous continuërez voſtre chemin par le Meſnil en France, par Luſache & par Morlaye, vous vous arreſterez en paſſant à Gouuieux, pour conſiderer les eſtangs, qui pourroient paſſer pour vne mer dans la Iudée, auec les reſtes d'vn fort, qu'ó tient que Iule Ceſar fit baſtir ſur la montagne. Vous vous rendrez puis apres par S. Leu de Serans, par Montatoure & Carbonne & Clermont.

A Gouuieux. 8. l.

Clermont en Picardie eſt vne ancienne Comté, que Louys IX. ſurnommé le Sainct, auoit donné en appennage à ſon fils Robert Comte de Clermont, dont le Chaſteau eſt baſty ſur vne colline, lequel appartient à Madame de Soiſſons, Les Voyageurs curieux alloient voir, il n'y a pas long temps vn Tourneur, qui leur monſtroit vne petite boëte d'yuoire, auec neuf quilles, & vne boule, faite au tour qui ne peſoient point tant & n'eſtoient point ſi groſſes, qu'vn grain de bled.

A Clermont. 14. l.

De Clermont vous irez à S. Iuſt, &

de la à Bretueil, ou l'on void les marques des dernieres Guerres Ciuiles, empraintes par le fer & par le feu sur les ruynes des Temples. Et puis de là, passant par le Quesnoy, le Dieu de Pitié, la forest de Haucourt, & Dury, vous arriuerez en six heures à Amiens, esloigné de Paris de vingt-huict lieuës ou enuiron.

Bretueil.

S. Auin, Noyelles en Chausses, & Dompierre vous conduiront à Montstreuil, comme qui diroit Mont-Royal qui est vne petite Comté dependante de l'ancienne Comté de Ponthieu, ville forte, auec vne Citadelle. Puis vous passerez le Bac d'Autin, Neuf-Chastel, les Bois d'Hardelot, & le Pont de brique, & vous rendrez dans Boulogne sur la mer.

Monstrueil

Boulogne, sans me mettre beaucoup en peine si c'est le havre, que les escriuains Grecs, ont connu sous le nom de *Bononia*, & si c'est le port de Gessoriac, suiuant l'opinion des doctes, est diuisée en haute & basse ville, à l'emboucheure de la Liane, qui se descharge dans la mer pres de Du-

A Bologne 25. l. d'Amiens

DE LA FRANCE. 61

nefort, que les Anglois ont fait baſtir. La haute a vn Chaſteau du coſté de la terre, & la baſſe eſt dans la plaine, & ſur les bords de la Mer, où eſt le port; dont la foſſe, comme on la nomme peut auoir ſeize lieuës de circuit. L'Egliſe & l'Eueſché eſt dedié à noſtre Dame, à laquelle tous les Roys de France, en qualité de Comtes de Bologne, doiuent vn cœur d'argent pour hommage, à genoux, & ſans eſperons, ſuiuant l'Ordonnance de Louys XI. Cette ville ſe glorifie d'auoir porté & nourry Godefroy de Boüillon, premier Roy Chreſtien de Ieruſalem, fils d'Euſtache, Comte de Boulogne.

Guines, à ſix ou ſept lieuës de Boulogne, la ville Capitale de la Comté, qu porte ſon nom, eſt ſeparée en deux, dont l'vne eſt dans les mareſts de la Mer, & l'autre en terre ferme, dont le Chaſteau eſt nommé la Cuue au Roy, que la nature & l'art ont rendu preſque imprenable. Le Pays eſt ſeparé de la Comté d'Oye, par vn grand

Guines.

canal de mer, qui paſſe par la ville, & le rend inacceſſible. La terre eſt abondante en bleds, en foins, & en gibier. La Foreſt y nourrit & entretient les groſſes chaſſes, & le peuple y eſt exempt de tailles & de gabelles. Entre Guiſnes & Ardres on void des mareſts flotans, nommez les mareſts de Bellingen & d'Ardres.

Calais Calais, à deux lieuës de Guiſnes eſt vn port commode ſur les coſtes de Picardie, que Philippe Comte de Bologne, & oncle de S. Louys, fit refaire & fortifier, pour ſeruir de rempart contre les Anglois, & de havre à ſa flotte. C'eſt aujourd'huy vne ville de guerre, de figure triangulaire, entourée de tous les coſtez de la mer, ou des maraiſts, auec vn fort chaſteau, n'ayāt qu'vne ſeule entrée par le pont de S. Agathe. Les Roſes & les Lys y ont fleury diuerſement Edoüard III. Roy d'Angleterre apres la ſanglante iournée de Crecy l'inueſtit, & obligea la ville & le Chaſteau de ſe rendre à diſcretion, apres auoir ſouffert la famine & les incommoditez d'vn ſiege d'vn an. Henry II. Roy de France se faschant qu'vn estranger luy occupast vn si bonne place depuis deux cens dix ans, fit si bien par la valeur du Duc de Guise, qu'il regaigna en huict iours ce qui auoit cousté vne campagne de douze mois au Roy d'Angleterre.

De Paris, à Senlis & à Peronne.

LE chemin de Paris à Senlis est de neuf lieuës par le Bourget, Loure en Parisis, S. Ladre & la Chappelle.

Senlis, nommée par les Latins *Silnanectum*, pour estre au milieu des Forests, est vne ville tres-ancienne de la Duché de Valois, bien que Ptolomée & Cesar n'en fassent aucune mention, bastie sur la Nonuete, auec vn Euesché & vn Baillage. Le Roy Charles VI. voulant eterniser la memoire de la prise, qu'il auoit faite d'vn grand cerf dans la Forest de Senlis, lequel auoit au col vn collet de cuiure

Senlis.

doré, auec cette inscription en vieilles lettres. Hoc Cæsar me donauit, prit pour deuise vn cerf volant accollé d'or, & pour support de l'escu de ses armes deux cerfs. Cette place est memorable pour auoir soustenu courageusement le siege contre la ligue, dont elle auoit secoué le ioug, & pour le combat qui s'y liura entre les Ducs d'Aumale chef des ligueurs, & de Longue-ville chef des Royaux, ou ceux cy donnerent si a propos, que le Duc d'Aumale mettant en pratique l'vsage des longues molettes d'esperons inuentées depuis peu, sauua sa personne à la course de son cheual, ne pouuant sauuer son honneur par les armes.

Roye
S Maxence
Gournay.
Nesle.

De Senlis on passe à S. Maxence sur l'Oyse, entouré de marecages, frontiere de Picardie, & puis on se rend à Gournay, & de la à Roye, forte place sur les frontieres du Royaume, & en suite à Nesle, qui est vne autre forteresse sur la riuiere d'Ignon, & vn ancien Marquisat du Bailliage de S. Quentin, qui a produit autrefois de vaillans

vaillans hommes, qui ont merité par leur courage l'alliance de la maison de Courtenay, sortie d'vn puisné de France.

A trois lieuës de Nesles l'on rencontre Peronne la derniere ville de France de ce costé là, sur la riuiere de Somme, renommée dans les histoires, pour auoir esté la prison de Charle le Simple, qui ayant cedé son droit à la Couronne dans vne assemblée des principaux du Royaume, choisis & conuoquez par Heribert Comte de Vermandois, qui l'auoit aresté, s'acquitta de la debte commune de la nature, & mourut de desplaisir pour se voir ignominieusement flaistry par cet affront, qui luy fut fait par la supercherie d'vn sien vassal. Il est enterré dans l'Eglise de nostre Dame, qui semble releuer la gloire du defunt par son Chapitre, qui ne reconnoist que le S. Siege, & par son Architecture admirable, qui n'a rien de semblable dans le Royaume, & par son chœur l'vn des plus beaux de la Picardie,

Peronne.

E

De Paris, à Noyon & à Sainct Quentin.

Noyõ. LE chemin de Paris est droit à Senlis, que nous auons desia fait, puis on vient à Malegneuse, à Villers S. Framboul à Ville-neufue, à la Verberie, & à la Croix de S. Oyan au milieu des forests, & on laisse Compiegne à main-gauche, esloignée de Senlis enuiron de douze lieuës.

Compiegne Compiegne, l'vn des sejours ordinaires des Roys de France à cause du plaisir de la chasse estoit appellée des Latins *Compendium*, Clotaire I. fils de Clouis ayant esté defait en bataille par les Saxons, se retira à Compiegne pour charmer ses ennuis par le diuertissement de la chasse, où il s'eschauffa si fort, qu'il en mourut, prononçant ces paroles, *O que la main de Dieu est redoutable, qui se iouë ainsi de la grandeur des Roys.* Charles le Chauue la fit rebastir sur le modele de Constantinople, & la nomma *Carlopolis* de son

DE LA FRANCE. 67

nom, comme l'ancienne Byzance fut nommée Constantinople du nom de son Fondateur, & fonda la riche Abbaye de S. Corneille, où il mit vn des Suaires de nostre Seigneur. Philippe Auguste s'estant esgaré dans les bois à la chasse du Sanglier & ayant desia brossé deux iours entiers, sans trouuer ny guide ny sentier pour le reconduire, apres auoir fait le signe de la Croix, & s'estre recommandé à Dieu, à la Vierge & à S. Denys, fut ramené par vn paysan, qu'il apperçeut à ses costés soufflant du feu. Le corps d'Henry III. fut porté à Compiegne, ou il a esté gardé iusques à l'an 1610. qu'il fut transporté à S. Denys en France, auec les autres Roys ses predecesseurs. *Auanture de Philippe Auguste.*

Noyon est enuiron à trois ou quatre lieuës de Compiegne, la ville est ancienne assise sur l'Oyse, qui a donné autrefois de l'exercice à Cesar dans la conqueste des Gaules, & qui fut la demeure des Roys de la seconde race, & qui est encore à present vne des douze Pairies du Royaume, *Noyõ Pairie*

E ij

possedée par l'Euesque, Comte de la ville, & Pair de France.

De Noyon l'on conte trois lieuës iusque à Ham place forte, & bien gardée, comme estant sur les frontieres.

Ham. Et de Ham à S. Quentin cinq.

Saint Quentin. S. Quentin la capitale du Vermandois, qui a receu son nom de ce genereux Martyr, qui souffrit constamment la mort pour la Religion, est vne des anciennes villes de France; si toutefois c'est la mesme, que celle dont Cesar fait vne honnorable mension, sous le nom d'*Augusta vermanduorum*. Elle est assise prez la source de Somme, la iournée de S. Quentin, où presque toute la Noblesse Françoise fut taillée en pieces par l'armée Espagnole, pendant les guerres funestes de l'an 1557. entre les Roys de France & d'Espagne, Henry II. & Philippe II. la fait dauantage connoistre aux Estrangers.

Iournée de Saint Quentin.

De Paris, à Guise.

IL y a deux chemins de Paris à Guise, l'vn par Noyon, & l'autre par Soissons, tous deux en pareille distance, de trente cinq ou trente six lieuës, puisque l'on en compte vingt vne ou enuiron, de Paris à Noyon, & quinze ou seize de Noyon à Guise; de mesme, de Paris à Soissons vingt-vne ou vingt deux, & de Soisons à Guise quatorze.

De Paris on va par le Bourget &par le Mesnil, Madame Ronce à Dam-Martin, esleué sur vne colline, entouré de murailles auec vn ancien chasteau, dans le pays de Goelle, qui porte le tiltre de Comté, de la maison de Montmorency.

A Dam-Martin.

De Dam-martin, l'on passe par Nantueil, Peray, Leuignan. Villiers coste Rez, c'est à dire à costé de Rez, dont les forests entourent l'Euesché de Senlis; puis par Sault de Cerf, Creuançon, & enfin à Soissons.

Soif-
fons.

Soissons, autrefois Royaume sous les Roys de la premiere race, est vne ville ancienne portant le nom de ses premiers peuples. Les Romains la conseruoient comme vn reste de leur domination dans les Gaules, au commencement de la Monarchie Françoise; mais le Roy Clouis la prit sur Gillon fils de Siagrius, qui en estoit Gouuerneur au nom de l'Empereur de Rome. Elle a tiltre de Comté, possedée par vn Prince du Sang. Euesché, Siege Presidial, & Generalité des Finances. La riuiere d'Aisne coule au pied de ses murailles.

Cressy.

Cressy, à trois lieuës de Soissons se rencontre au chemin, dont le seul nom semble estre fatal à la France, pour la sanglante bataille, qui fut donnée à Cressy dans la Comté de Ponthieu, entre Edouard Roy d'Angleterre, & Philippe de Valois Roy de France, lequel y fut defait auec son armée, & les plus illustres Seigneurs tués sur la place, à sçauoir le Roy de Boheme, Charles Comte d'Alençon frere du Roy, le Comte de Blois, le

DE LA FRANCE. 71
Duc de Lorraine, les Comtes de Flandre & de S. Paul. Le Roy y fut blessé, & se retira auec quelques Caualiers demeurez prez de sa personne dans le Chasteau de Broye, l'an 1347.

De Crecy on passe par Fourdmin, Coussy, la Fere sur Oyse en Vermandois, la Ferte, & enfin on arriue à Guise, ville de la Tierasche, Duché & tiltre des puisnez de la maison de Lorraine, auec vn Chasteau.

Guise.

De Paris, à Laon.

LE chemin de Paris à Laon est par Soissons, d'ou il vous reste sept ou huict lieuës, par les villages de Creny, Petit, Grand Fretu, Chauignon, Vosay, Escouelle, Chany & Seuilly, iusques à cette Ville ancienne, qui a esté autrefois le Siege d'vn Roy, & qui est encore à present sous l'administration d'vn Euesque, qui porte le tiltré & la qualité de Duc & Pair de France. Elle est bastie sur vne colline, à vne lieuë de la source de Marne, qui

A
Laon
28. l.

E iiij

naist au village de Marneuf entre deux collines.

De Paris, à Rheims, Rhetel, & Mesieres.

Reims.

RHeims, qu'on peut mettre pour la capitale de la haute Champagne bastie sur la Vesle, est vne des Villes anciennes du Royaume de France, comme on le peut facilement iuger de plusieurs antiquitez qui luy restent en ses portes de Mars, Ceres, Bacchus & Venus, dont elles conseruent les noms; en sa deuise composée des mesmes Lettres, que celle du peuple Romain, S. P. Q. R. *Senatus, populus que Rhemensis*, & en son fort de Cesar, qui n'est pas loing de la Ville. Les bastimens sont beaux & magnifiques, particulierement l'Eglise Cathedrale dediée à nostre Dame, seruie par soixante sept Chanoines, sous vn Archeuesque, qui porte la qualité du premier Duc de France, & qui à l'honneur de Sacrer les Roys, & de leur mettre la Couronne sur la teste depuis quelque siecle, nos Princes ne voulans pas en cela degenerer du premier Roy Chrestien, Clouis, qui fut baptisé de la main de S. Remy Archeuesque de Rheims, & oinct de l'Huile, qu'vn Ange luy apporta, dans vne petite phiole d'or, qu'on nomme la Saincte Ampoulle, & qui se garde religieusement dans l'Eglise du Monastere de S. Remy, ou les estrangers la peuuent voir, auec cét excellent paué de marqueterie & de Mosaïque, qui remplit le chœur d'vn bout à l'autre, quoy que tres vaste, & represente plusieurs belles figures, & curiositez morales & historiques. On y monstre aussi les douze Pairs de France grauez en marbre auec leur habit, tel qu'ils le portent au Sacre des Roys, à l'entour d'vn petit coffre, proche de celuy où l'on garde la Saincte Ampoulle. Il y a vne Vniuersité. {Sacre des Roys.}

Retel, la capitale du Retelois sur Aisne, est fortifiée d'vn chasteau, qui a vne tour ancienne auec vne inscrip- {Retel.}

tion, qui tesmoigne, que les Romains y ont autrefois fait quelque seiour, lors que Iules Cesar marcha contre les Belges. Le Retelois, bien qu'il ne soit pas d'vne grande estenduë, contient quatre Principautez. La premiere est Mehon. La seconde est Arches qui n'estoit qu'vn village, mais ou le Prince de Mantouë a commencé vne ville, nommée de son nom Charle-Ville, sur la Meuse, bien bastie & fortifiée auec vne place formée sur le modele de la place Royale de Paris. La troisiesme est Lumés, & la quatriesme Chasteau Renaud, qu'on pense auoir esté basty par le fameux Renaud, si renommé dans les Amadis des Gaules.

Principautez d'Arches.

Mezieres est vne belle ville, sur les confins du Luxembourg entre deux bras de la Meuse, qui la trauerse, & remplit les fossez, qui sont entre la ville & la Citadelle, laquelle fut bastie l'an 1591. & depuis grandement fortifiée. Ceux qui auront de la tendresse pour le sacré berceau du fils de Dieu, pourront visiter le conuent des

Mezieres

DE LA FRANCE. 75

Cordeliers prez Mezieres, nommé Bethleem, pource qu'il est basty sur le modelé de celuy, qui est en la Terre-Saincte.

Le chemin de Paris à Rheims est de trente-deux lieuës, par les villages, bourgs, ou villes, de Pentin, Bondes, Ville en Parisis, Ville-Roy, Guay sur Tresme, Lisy sur Ourque petite riuiere du pays de Vallois, qui vient d'aupres de Chasteau Thierry, & a deux lieuës de Meaux tombe dans la Marne, Coulon, Gandelu, Hautenesme, Chomelan, la Croix, Vallay, Sannongay, Nesle, Cohan, Igny, Lagiery, Tramery, l'Vrigny, d'ou l'on vient à Rheims.

Puis de Rheims à Rhetel, il y a sept lieuës, par le Bourg sur Suip, & de Rhetel à Mezieres sept autres, par Masernay & Machon.

De Paris à Meaux & Chasteau Thierry, & Chalon.

DE Paris à Meaux l'on compte dix lieuës par Claye; & onze par la Pissote, Gournay, Lagny & Trillebardon: & de Meaux à Chasteau-Thierry, neuf ou dix. Il est vray, qu'au sortir de la ville de Meaux vous pouuez aller à S. Iean des deux Iumeaux, & de la prendre vostre chemin par Foy sur Marne, Ferté au col, Lusancy, Mery, S. Calixte, Nantoy, Crouse Chailly, Mont de Bouuay, & Esseaume; ou par Sameron, Port à Coulay, les Moulieres de Chantecoq, Sittery, Nogent Lareau & l'Abbaye de Chery.

Lagny   Lagny est vne petite Ville ancienne sur la Marne à six ou sept lieuës de Paris, ou est vne Abbaye sur le haut de la colline.

Meaux la meilleure & plus forte place de Brie, qui se trouue entourée de la Champagne, de la Bourgogne,

DE LA FRANCE.

du Gastinois & de l'Isle de France. Elle est assise sur la Marne, & separée en deux par vn ruisseau, dont l'vn est la ville, & l'autre le Fort ou le marché. Son Eglise Cathedrale dediée à S. Estienne, a esté ruinée pendant les premieres guerres ciuilles pour la Religion.

Meaux.

L'on pourra se destourner vn peu pour voir Monceaux, Chasteau & maison Royale, arrousée des eaux de la riuiere d'Oure, & embellie merueilleusement par la Reine Catherine de Medicis, & par le Roy Henry le Grand, auec des iardins, parc, des viuiers & la forest ioignant.

Monceaux maisõ Royale.

Chasteau Thierry, Ville & Duché capitale de la haute Brie. De la puis aprez vous tenez le chemin de Dormans, d'ou sont sortis de grands hommes, dont les tõbeaux sont en la chappelle du college de Dormans à Paris, qu'ils ont fondez. Vous vous rendez à Espernay sur Marne, pour les denrées, qu'elle reçoit & qu'elle enuoye, de là à Ialon, à Pluuot & enfin à Chalon, en dix-sept lieuës.

Chasteau Thierry.

Chalon sur Marne. Chalon sur Marne, pour la distinguer de Chalon sur Saone en Bourgogne, est vne ville fort grande, ornée de belle tours esleuées en forme de Pyramides, & ornée d'vne Euesché auec tiltre de Comté & de Pairie en France. Elle a de belles promenades, & de grandes plaines fertiles en bled, ou l'on tient qu'Attila Roy des Huns fut defait par Aëtius General des Romains, assisté de Merouée Roy de France, & de Theodoric Roy des Goths, l'an 450.

Verdun. Verdun sur les frontieres de la Lorraine, & sur les bords de la Meuse, n'est esloigné de Chalon, que douze lieuës. Il faut trauerser le Barrois, & passer par Clermont sur l'Aisne, en costoyant Ste. Menehou, ville frontiere, dont le chasteau est assis au milieu d'vn marais, ou l'Aisne passe d'vn costé, & l'Yeure de l'autre, qui se ioignent ensemble.

De Paris, à Vitry, Bar-le-duc & Ligny.

Lors que vous estes à Espernay, entre Chasteau Thierry, & Chalons sur Marne, distant de Paris de vingt-huict lieuës ou enuiron, vous tournez sur la droite dans le chemin d'Estrey, & de la vous vous rendez dans Vitry à quarente lieues de la ville capitale de France, & à l'entrée du Barrois, dont Barle-duc, chef du Duché est esloigné de six autres lieues, & Ligny de quatre de Bar-le duc.

Vitry, ou Victry a pris son nom de la legion Romaine victorieuse, comme plusieurs autres places, que ces conquerans firent bastir au temps de leur Fortune. Il y a deux Vitrys, le vieil & le nouueau. Le premier s'appelle le bruslé, à cause du feu, que l'Empereur Charle-Quint y fit mettre, lorsqu'il entra dans la Champagne. La ville estoit fort belle sur le confluent de la riuiere de Sault, & de

Vitry.

la Marne. A cause de sa ruyne ses Priuileges mesmes ont esté transferez au nouueau Vitry, appelle le François, à cause de François premier, qui la fit bastir à sept lieues de Chalons, dans vn lieu plain & fertile, auec le trafic de la Marne, laquelle est nauigable à S. Dizier.

Duché de Bar. Pour le Duché de Bar, c'est vn fief releuans de la Couronne de France; ce qu'Antoine & François Ducs de Lorraine reconnurent par vn acte authentique sous le Roy François I. & les Barrois n'ont iamais eu besoin de lettres de naturalité. Charles cy deuant Comte de Vaudemont ayant espousé Nicole fille d'Henry Duc de Lorraine en estoit deuenu Seigneur; mais ses mauuais comportemens enuers le Roy Louys XIII. l'ayant fait iuger atteint du crime de felonnie enuers son Souuerain, par Arrest de la Cour des Pairs du 30. Aoust 1633. le Duché de Bar, dont il auoit refusé de rendre hommage à sa Maiesté fut reüny à la Couronne: & le Roy s'estant en suite transporté dans la Lorraine

raine se rendit maistre des principales places, & entra dans Nancy le 24. du mois de Septembre de la mesme année.

Bar-le-Duc, en est la capitale, Ville assise sur vn terte esleué, & qui a dessous en la plaine vn beau faux-bourg. Les villes de Bar-sur-Seine, & de Bar-sur-Aube, sont distinguées d'elle par les riuieres, ou elles sont assises. On y trauaille de tres-belles gardes d'espée, que les passans achetent ordinairement. Ligny bonne Ville n'en est qu'à quatre lieuës, assise sur l'Aisne. *Bar le Duc.* *Ligny*

De Paris, à Sainct Disier.

DE Paris on se rend à Lagny; & de là à Sedane, ou l'on conte de l'vn à l'autre quinze lieuës, par Cochi, Couille, Tressi petite ville, S. Blandin, Plommeuse, S. Augustin, Chailly, Moret, Trefou, Champguyon, & Noue. Et de Sedane à S. Disier vingt vne, ou vingt deux lieuës, en passant par

Pleurs, Courray, Garganſon, Morilly, Chaſtillon ſur Brenay, où l'on void pluſieurs eſtangs, & Chaſteaux de Gentils-hommes, Branlecourt, la Foreſt de Marmauſſe & Eſclaron, d'où l'on peut voir S. Diſier, ſur les bords

S. Diſier. de la Marne, où elle commence d'eſtre nauigable. Cette Ville qui confronte la Lorraine a eu l'honneur de reſiſter aux forces de l'Empereur Charles V. & de tout ſon Empire, bien que ce ne fuſt qu'vne meſchante place, mais les bons hommes font les bonnes villes, & ie puis dire que les grands courages vallent mieux que toutes les fortifications de l'Art. L'an 1544. l'Empereur y ayant planté le Siege, auec deux rangs de canons en baterie, & ſix grandes couleurines pour empeſcher les frequentes ſorties des aſſiegez, & diuertir les eaux du foſſé apres vne breſche raiſonnable fit

Siege de S. Diſier donner ce memorable aſſault, ou les aſſiegez combattirent main à main pendant vne heure ſur les mines de leurs murailles, contre dix-huict Enſeignes Eſpagnoles, ſouſtenus de dix mille Allemans sans remporter autre auantage d'vne grande multitude de soldats aguerris par plusieurs campagnes, enflez des victoires passées, animez de la presence d'vn Empereur, & puissamment encouragez par l'esperance du butin, que la honte d'estre battus par vne poignée d'hommes harassez des longues veilles, & consommez de faim & de soif. Et si l'Empereur ne se fust aydé de la peau du Renard apres vn siege de six semaines, iamais ils ne se fussent rendus à luy par vn traité, où d'ailleurs ils receurent plus de gloire en perdant, que l'Empereur en gaignant cette place.

Il y a vn autre chemin par Prouins pour aller à S. Disier, qui est de Paris à Charenton, & à Creteil 2. l. à Boissy, à Brie Conte Robert, laquelle de nos iours a esprouué les fureurs de nos dissensions ciuiles, & la violence de la guerre de Paris, 6. l. & demie. De là on passe à Suynes, à Guigne-Putain, & à Mormand 4. l. puis à Grand Puis, à Nangis, Rampillon, & Volaine, &

Brie contre Robert

Pro-uins. enfin on se rend à Prouins, distante de Paris enuiron 20. l. Ville assez renommée par ses roses rouges, desquelles on fait vne agreable confection. La ville a trois diuerses situation sur la montagne, sur le panchant, & dans la vallée, ou passe le Morans.

De Prouins il faut aller à Ville-Nausse, où croissent les bons vins. 3. l. à Mont Benault, & à Fontaine Denis 2. l. Puis à Angluse, à Arsy sur Aulbe, à Margery, & à Vassy, où sont les bornes de la Champagne & du Barrois, & de là à S. Disier, d'ont i'ay desia parlé.

De Paris à Toul, Nancy, Mets & Sedan.

LOrs que nostre Voyageur sera à Bar-le-Duc, il continuera son chemin, iusques au bourg de S. Auby, où l'on visite ceux qui entrent, pour voir s'ils portent des armes à feu, ou des marchandises deffenduës.

De là il ira à Toul ville Episcopale, de laquelle le Roy Henry II. se saisit l'an 1552. & ensemble de Verdun & de Mets, par Anne de Montmorency Connestable de France. C'est vne ville ancienne sur la Moselle, & venerable pour auoir receu les premiers instructions Chrestiennes de la bouche d'vn des Disciples de S. Pierre. Son Eglise est superbe, où l'on void le tombeau de Sainct Bernard auec vne Couronne suspenduë presque semblable à celle qu'on void à Vuyssemburg. {Toul en Lorraine.}

De Toul vous vous rendez à Nancy, sur la riuiere de Murthe, qui baigne ses murailles, la capitale du Duché de Lorraine, petite en son enceinte, mais forte & bien-bastionnée, diuisée en deux Villes, la vieille & la nouuelle, l'vne & l'autre agreable en son assiette magnifique, en son chasteau, la demeure ancienne des Ducs, venerable en ses Eglises, la sepulture de tant de braues Princes, & redoutable en ses fortifications, en sa citadelle & en son Arsenal fourny d'armes & d'artillerie. {Mets.}

Apres Nancy, l'on pourra prendre sur la main gauche le chemin du Pont à Mousson, diuisé en deux villes par la riuiere, le sejour des sciences de la Lorraine, & vne fameuse Vniuersité sous la direction des Peres Iesuistes, & de la suiuant le cours de la Moselle se rendre à Mets glorieuse en son antiquité, prodigieuse en ses auantures, agreable en son assiette, & tres-importante en ses fortifications.

Pont à Mousson.

Cette ville nommée autrefois *Diuiodurum*, comme qui diroit le sejour des Dieux estoit la capitale des Mediomatrices, sous la domination des Romains, & le siege du Royaume d'Austrasie & de la France Orientale sous nos premiers Roys. La France ne reçoit point de prescription en ses peres. Pour cette raison Henry II. s'empara de la ville de Mets, la reünit à sa Couronne, comme vn de ses anciens fleurons, & y fit son entrée armé de toutes pieces, excepté la teste, voulant monstrer à descouuert aux habitans la majesté de son visage, & les gaigner, comme il fit à son seruice, plu-

Mets

stoſt par la douceur de ſes yeux, que par la crainte de ſes armes. L'Empereur Charles V. outré des nouuelles conqueſtes, que le Roy Tres-Chreſtien auoit faites ſur luy, ſe reſolut d'employer toutes les forces de ſon Empire, pour les recouurer, & aſſembla pour cét effet vne armée de cent mille combatans, qu'il mena deuant Mets, laquelle eſtoit capable de regaigner auec auantage, ce qu'il auoit perdu auec beaucoup de diſgraces, ſi le courage des François n'eut eſté plus puiſſant que la fierté des Allemans, les Rodomontades des Eſpagnols & les artifices des Italiens dont elle eſtoit compoſée. *Siege de Mets.*

Elle eſt ſituée en vne grande plaine que la Moſelle arrouſe en diuers endroits, dont vne partie laue les murailles, & l'autre entre dans la Ville, pour ſeruir aux vſages des citoyens, & ainſi elle coule ſeparément, forment vne Iſle au lieu, où eſt l'Abbaye de Sainct Eſtienne, iuſques à ce qu'ayant receu la Seille, elle ſe raſſemble de nouueau, & n'a plus qu'vn ſoul lict. L'Egliſe

Cathedrale dediée à S. Eſtienne eſt grande, ſuperbe & majeſtueuſe, deſeruie par cent Chanoines, ou le vaſe, qui contient l'eau beniſte, eſt vne cuue de Porphyre, longue de plus de dix pieds. Ie puis dire qu'elle renferme la Loy, la Grace & le Peché, puiſque les Iuifs y ont vne Synagogue auec l'vſage de leurs ceremonies, les Catholiques leurs Egliſes & leurs Autels; & les Heretiques vn Temple auec la liberté de leurs erreurs.

La Citadelle eſt compoſée de quatre bouleuarts, reueſtus de pierre de taille.

De Paris, à Sedan.

LE Voyageur qui deſire pluſtoſt ſe perfectionner par la veuë des belles choſes, que d'abbreger ſon chemin, & qui n'a point d'autre but de ſes deſſeins, ny d'autre terme de ſes voyages, que la connoiſſance de la nature & des mœurs, peut s'il y eut ſe tranſporter de Mets à Sedan, en coſtoyant les frontieres de la Lorraine & du Luxembourg, & laiſſant vn peu à main gauche vne ville qui n'eſt point deſagreable, nommée Eſtain du Duché de Lorraine, auec vn petit chaſteau, mais fort & remparé. Et vne autre nommée Mouzon, la premiere place de France de ce coſte-là, laquelle a porté le tiltre de ſouueraineté appartenante à l'Archeueſque de Rheims, qui l'eſchangea auec le Roy Philippe de Valois, pour la ville de Velly ſur Aiſne. C'eſt encore à preſent vn petit Gouuernement ſeparé, qui ne paye ny taille ny gabelle, conſeruant cette exemption d'impoſts comme vn precieux reſte de ſa premiere fortune. Il y a garniſon pour le Roy.

Eſtain

Mouzon.

A deux lieuës de Mouzon l'on trouue Sedan, Principauté, qui appartient auec la Duché de Bouillon à la maiſon de la Tour, depuis que Charlotte heritiere de cette Souueraineté, la donna en mourant à Henry de la Tour, Vicomte de Turenne ſon mary. C'eſt vne des fortes places de l'Europe diuisée en trois grandes ruës, auec vn fort chasteau esleué sur le roc, ceint de fossés larges & profonds pratiquez dans le roc, flanqué de bastions, & muny de toutes sortes d'armes, & la riuiuiere de Meuse, qui luy sert de rempart d'vn costé.

Vn autre chemin plus droit & plus commode pour aller à Sedan, est de passer par Rhetel, suiuant la route que i'ay tracée pour arriuer à Mezieres, qui est sur la mesme riuiere vn peu au dessous. Ie m'estois oublié d'escrire que Mezieres est vne ville assise entre deux bras de la Meuse, dont l'vn la trauerse & fait le fossé, qui est entre la Ville & la Citadelle bastie par le sieur de S. Paul Mareschal de la Ligue, l'an 1591. La moitié du Fauxbourg, qui est au deça de la riuiere est vne Souueraineté nommee Mehon, & l'autre pareillement qui est au delà est vne dependance de la Principauté d'Arches, petit village, à vn quart de lieuë de Mezieres, en tirant vers le Sud, où Charles de Gonzague Duc de Neuers, commença de bastir

Mezieres.

Mehö.

vne ville, nommée de son nom, Charle-Ville, agreable en son assiete & en ses bastimens, qui ne sont que des pauillons superbes, bastis sur le modele de la place Royale de Paris. *Charle Ville.*

A l'opposite de Charle-Ville on apperçoit vne haute montagne, nommée le Mont Olympe, où l'on void les ruynes d'vn vieux chasteau, qu'on croit auoir esté vn Temple des Dieux, & la demeure de Iulien l'Apostat, qui gouuernant les Gaules auant que de monter sur le Throsne de l'Empire. *Mont-Olympa.*

―――――――――

De Paris, à Ioinuille.

DE Paris on prend le chemin de S. Disier, suiuant la description que i'en ay faite, qui est de 23. lieuës, ou enuiron; puis on passe par Mally, Ste. Compagnie Egyptienne, Corbat, Magery, Cacheracourt, Ionquereul, Droye, Monttirandel, Bully & Norancourt, & enfin on arriue à Ioinuille, qui est presque en esgale distance de S Difier, que S. Difier l'eſt de Paris.

Ioin-uille. La Ville de Ionuille ou Ianuille eſt ſur la Marne ainſi nommée, pour auoir eſté baſtie par vn des enfans de Ianus, ce prudent Politique a pluſieurs viſages, ou pluſtoſt pour auoir eſté fondée par vn Prince nommé Iean, qui luy donna ſon nom, pour ſe faire connoiſtre à la poſterité par ſon ouurage. Henry II. qui ne laiſſoit paſſer aucune occaſion d'obliger l'Illuſtre maiſon de Guiſe, erigea Ioinuille en Principauté, qui eſt l'appanage ordinaire du puiſné de cette famille, comme elle a eſté la ſepulture de Claude de Lorraine Duc de Guiſe, duquel on void le tombeau de marbre blanc & noir, de iaſpe, d'albaſtre & de porphyre, auec les figures des quatre vertus, & l'effigie de ce Prince, ſi bien trauaillée, qu'il ſemble que l'art a voulu donner autant d'agréement à ſon image apres ſa mort, que la Nature auoit donné de rares perfections à ſa perſonne pendant ſa vie.

De Paris à Troyes.

EStans arriuez à Prouins, il faut prendre le chemin de S. Ordin, passer par Nogent sur Seine, à main droite l'Abaye du Paraclet, ou Louyse femme de Pierre Abaillard fut Abbesse apres la disgrace de son mary, trauerser S. Aubin, les trois Maisons, le Pauillon, & entrer dans la Ville de Troyes, distante de Paris enuiron de trente lieuës. *Le Paraclet.*

Troye, la Capitale de la Champagne, assise sur la Seine belle & grande Ville, ayant vn Euesque, & outre l'Eglise Cathedrale dedié à S. Pierre, deux Eglises Collegiales, six Parroissiales, & plusieurs Abbayes, auec vn siege Presidial. C'estoit le seiour ordinaire des anciens Comtes de la Prouince, qui se qualifioient Comtes de Troyes & de Meaux, comme ceux d'Auuergne Comtes de Clermont, ceux de Sauoye Comtes de Morienne, & ceux de Prouence Comtes *Troye en Champagne* *Guisnes.*

d'Arles; & qui apres que Thibauld II. se fut retiré du Roy Henry I. pour se mettre à la suite & sous la protection de l'Empereur adiousta aux qualitez de Comte le tiltre de Palatin de l'Empire, & quoy qu'il repugnast à celuy des Pairs de France, il ne laissa pas neantmoins de le retenir estant vn des douze Pairs de la Couronne.

De Paris, à Langres.

AV sortir de la Ville de Troyes, l'on passe par les villages de la Breuiande, la Vacherie, Chappes, Fouchere, & Bourguignon, auant que d'arriuer à Bar sur Seine, ou l'Ourse, l'Arse & Laigne, se vont rendre dans cette grande riuiere. C'est vne Duché dans la Bourgogne, auec vne citadelle.

Bar sur Seine. De Bar distant de Troyes enuiron de sept lieuës, il en reste encore treize iusques à Langres par les villages de Loche, d'Aultricourt, Rus les Aaux, Arcqen Barrois, S. Martin & Burmane.

DE LA FRANCE. 95

Pour la ville de Langres, elle est frontiere de la Champagne, & de la Franche-Comté, pratiquée sur vne croupe du Mont de Vauge, le Pere des plus celebres fleuues des Gaules, ornée des monuments de l'Antiquité, puissante, forte d'assiete, & tres-bien remparée. On la nomme la Pucelle, pource qu'elle n'a iamais esté prise ou forcée depuis qu'elle est Frãçoise. Elle estoit en grande reputation dés le temps des Romains, qui l'auoient associée à leur Empire. Cesar en retira de grandes commoditez pour l'auancement de ses conquestes. Vitellius la respecta comme vne des Sœurs de Rome. Othon confera le droit de Bourgeoisie Romaine à ses Habitans, comme la plus signalée faueur, qu'il pouuoit faire à vn peuple estranger. Elle conserua soigneusement ces marques de grandeur, auec les tesmoignages d'vne constante fidelité, iusques au temps de l'entrée des Allemans dans les Gaules, qu'elle abandonna la fortune des Romains, pour embrasser la vertu des Barbares.

Langres.

Mais Constantin le Grand remit ce peuple en son deuoir, & le soumit à son obeyssance, apres les auoir battus si rudement, qu'il en coucha sur la place plus de soixante milles. Les Vandales la prirent quelques annees apres, & l'enuelopperent dans les ruynes communes de l'Empire. Mais les François s'estans rendus les Maistres des Gaules gaignerent cette place, & les Roys de la troisiesme race l'eurent en telle veneration, qu'ils voulurent, que son Euesque fust vn des six Pairs Ecclesiastiques, qui assistent au Sacre, & qu'il portast le tiltre de Duc & Pair de France, Marquis, Comte & Baron de plusieurs places.

De Paris, à Chaumont en Bassigny.

Chaumont en Bassigny.

DE Paris à Prouins, de là à Ville-Nausse, au Pont, au S. Sepulchre, à Lusigny, à Henreuille, & à l'Abbaye de Cleruaux, assez celebre par la doctrine & par la sainteté de S. Bernard, qui en fut Abbé, & puis à Roesnepont à Villeà Ville-Neufue & enfin à Chaumont, ou l'on conte enuiron 48. lieuës de chemin.

Chaumont en Baſſigny ſur Marne, pour le diſtinguer de Chaumont en Tourraine. & d'vn autre Chaumont en Picardie, le chef, & le ſiege du Bailliage du pays, n'eſtoit autrefois qu'vn Bourg ſur les frontieres de la Champagne & du Barrois, que Louys XII. commença de renfermer de murailles, que François I. continua, & qu'Henry II. euſt acheuées, ſi la mort n'euſt arreſté le cours de ſes deſſeins auec celuy de ſa vie. Son chaſteau pratiqué ſur le Roc eſt fort d'aſſiete, entouré de foſſez, & deſſendu d'vn Donjon qu'on nomme la Tour de Hautefueille. Les habitans y trafiquent en toilles, draperies & autres manufactures. & pour ce ſujet, il y a vn Iuge & des Conſuls des Marchans.

Chaumont en Baſſigny.

De Paris, à Bezanson.

LE Voyageur qui veut aller de Paris à Bezançon, ou par curiosité, ou par Religion, puis qu'il y a des attraits pour l'vne & pour l'autre, tiendra le chemin de Bar sur Seine, ou l'on conte enuiron 39. ou 40 lieues. Et puis continuant son chemin par les villages de Ville-Neufue, de Pont sur Seine, Busseuil, Neufuille, Cye, la ville de Mussy l'Euesque, Cheretierry, Potieres, Verrene & Chastil-

Chastillon sur Seine.

lon sur Seine ; ou l'on conte pareillement de la ville de Bar enuiron 47. lieuës. C'est le siege principal du Bailly de la Montagne, & vne ville diuisée en deux par le pont basty sur la riuiere, qui la trauerse, dont l'vne est nommée le Bourg, & l'autre Chaumont, qui neantmoins sont toutes deux dans l'enclos des mesmes murailles. Le Chasteau, demeure ancienne des Ducs de Bourgongne a esté ruyné. Hors la Ville est vn rocher fort esleué, d'ou sort vne source d'eau viue, qui fait mouldre à six pas de là des moulins à bleds & à draps, dont la ville fait vn grand trafic. On la nomme Chastillon sur Seine, pour la distinguer des autres Villes, qui ont le mesme nom, comme Chastillon sur Marne, Chastillon sur Indre, Chastillon sur Loing, & Chastillon sur Loire.

Chastillons plusieurs villes de ce nom.

De Chastillon l'on compte trois l. à Volaine, de là à Ricey 1. d Mont-Augon 2. l. à l'Abbaye de Tulley, 1. l. à Chargey 1. l. à la Ville de Grey 1. l. à Chantonnay 2. l. à Ville-François 1. l. à Chastillon le Duc 4. l. à Bezançon 2. & ainsi de Paris à Bezançon enuiron cent cinq lieuës.

Bezançon est vne Ville Imperiale & libre, assise sur le Doux dans la Franche Comté, lequel la diuise en deux auec vn Pōt puor passer de l'vne à l'autre. Ses ruës longues & larges, ses maisons bien basties & presque toutes d'vne mesme perspectiue, son Hostel de Ville magnifique, ses Halles spacieuses, son Arsenal bien armé,

Bezãson.

ses greniers remplis, ses dehors chargez de vignobles, tapissez de prairies & couuerts de moissons luy donnent vn honnorable rang entre les meilleures villes de l'Empire. Pareillement ses six fontaines en diuers endroits de la Ville auec des figures de bronze la rendent agreable & diuertissante autant qu'elle est riche & commode pour l'habitation. Certains lieux publics, qui retiennent encore leurs noms anciens, comme le Chammar, Chammusé, Champlu, Charmont, Romchamp, c'est à dire le Champ de Mars, des Muses, de la Lune, des Nymphes des Montagnes, & de Rome, la Rhec & autres semblables font voir qu'elle estoit autrefois vne petite Ville des Gaulois, parmy lesquels elle s'estoit acquise le nom de *Chrysopolis*, c'est à dire Ville d'Or, à cause que ses portes estoient reuestuës de plaques d'or. L'Hostel de Granuelle peut passer pour quelque fameux Temple de l'Antiquité, ou pluftost pour vne assemblée des Dieux & des Heros, qu'on y void en figures ou en tableaux, animez par la main des plus excellens Maistres. C'est vne Ville populaire vne Archeuesché & vne Vniuersité celebre pour ses doctes Professeurs, & pour sa Bibliotheque garnie de plusieurs liures manuscripts. La principale Eglise est dediée à S. Estienne, où l'on garde le S. Suaire. On monstre au dehors vn rocher percé par Iules Cesar, faisant la guerre aux Suisses.

De Paris, à Sens.

LE Chemin de Paris à Brie contre Robert, qu'il faut tenir est de six lieuës ou enuiron, & de Brie à Montereau faut Yonne enuiron de dix autres par Esury, S. Germain, Suery, Chastelet & Valence.

Montereau faut Yonne, assis à l'embouchere de l'Yonne, qui fait la separation de la Bourgogne & de la Brie, soit qu'il ayt pris son nom du sejour ordinaire, qu'y faisoient nos Roys, à cause des diuertissemens de

Montereau

la chasse, ou d'vn vieux Monastere fondé en la place de l'Eglise de nostre Dame, ie considere cette Ville, comme vn eschaffaut ensanglanté du meurtre de Iean sans peur Duc de Bourgogne, massacré sur le Pont par le commandement de Charles Daulphin de France son neueu.

De Montereau à Sens, il y a sept lieuës par Vannes, Ville-Neufue de la Guyart, Champagny, Ville Manche, Pont sur Yonne, S. Denis, & S. Colombe la Grande, villages par lesquels il faut passer auant que d'arriuer à Sens sur l'Yonne, à l'emboucheure de la Vanne, qu'on dit Sens sans Bourgogne, pour ce qu'elle fait la separation de la Bourgogne, de la Brie, & de la Champagne dans laquelle elle est comprise C'est le siege d'vne Euesché, la Capitale du Senenois, & la nourrice de ces anciens Senonois qui prirent & s'accagerent la ville de Rome, & qui eussent arboré leurs estendars sur ce Capitole, s'ils eussent eu autant de prudence, que de courage, à vser de leur victoire.

Sens

De Paris, à Dijon.

L'On compte de Sens à Semur, par où il faut passer pour aller à Dijon, enuiron seize lieuës, sans rencontrer d'autres villages que Veron en Plaine, S. Florentin, Noyers petite Ville, Iouansy & Nouy.

La Ville de Semur est située au milieu de l'Auxois, dont elle est la capitale, comme le cœur de ce petit corps, composé en son enceinte de trois diuerses murailles, qui la diuisent en trois parties, la premiere desquelles porte le nom de Bourg, la plus grande & la mieux peuplée, remarquable pour son Eglise, dont la structure est si hardie, que les murailles bien que tres-hautes ne sont que de la largeur d'vne seule pierre. La seconde est le Donjon place tres-forte, assise sur le roc, & moüillée au pied des eaux de l'Armençon. La troisiesme est le Chasteau de difficile accez, pour estre entouré de tous costez de precipices.

Semur

Il reste vnze lieuës de chemin, depuis Semur iusques à Diion par Iully, Laugny le Sec, Vitaulx petite ville, Villy, Sommaise, Seigne petite ville, Val de Suson, le Bourg & Chasteau de Fontaine honoré de la naissance de S. Bernard à demye lieuë de Diion, la capitale de la Bourgogne, assise sur la riuiere d'Oulche, qui renferme vn de ses Faux-bourgs & trauersée du ruisseau de Suson, qui se déborde assez souuent & cause de grands rauages, bien qu'il n'ait que trois ou quatre lieuës de cours.

Le Chasteau de fontaine.

Dijon.

Cette Ville est close de bonnes murailles, & Louys XI. s'en estant rendu le Maistre apres la mort de Charles dernier Duc de Bourgogne, qui fut tué deuant Nancy, y establit vn Parlement Souuerain, & fit bastir vn chasteau flanqué de quatre grosses tours & de deux rauelins. On void iusques à seize Eglises dans la Ville, où sont deux Abbayes, & vne Saincte Chappelle fondée par Philippe le Bon Duc de Bourgogne, auec cinq Hospitaux, outre la Chartreuse, qui est tresbelle hors la ville, dans laquelle sont les tombeaux des Ducs. On void aussi au dehors deux collines fort remarquables, l'vne par la merueilleuse forteresse de Talan, & l'autre par l'Illustre Chasteau de Fontaines, qui a veu naistre S. Bernard Abbé de Cleruaux, l'ornement de la France, & le soustien de la Religion.

Estant à Dijon il ne sera point mal à propos d'aller iusques à Dole, vne des principales place de la Franche-Comté, qu'on appelle haute Bourgogne, & mesme de visiter Verdun, Nuits, Beaulne, & Chalons, puisque d'ailleurs le droit chemin de Paris, est de passer par Dijon.

Dole.

Dole n'en est esloignée, que de 8. ou 9. lieuës à passer par Auxone ville ancienne assise sur le Doux, lequel y entre d'vn costé & en sort par l'autre. La capitale du Comté, le siege du Parlement, la chambre des Comptes, l'Escole des Muses, ce qui fait, quelle est la plus frequentée de toute la Prouince par les Estrangers, & particulierement par les Allemans. On peut dire que ses pertes luy ont esté auantageuses, & que iamais elle n'a paru si glorieuse sur ses premiers fondemens, que sur ses dernieres ruynes, qu'elle souffrit l'an 1579. lors qu'elle fut rebastie auec plus de magnificence par ses propres habitans, & fortifié auec plus d'artifice par Charles V. qui la rendit vne ville de guerre flanquée de sept gros bastions, & en fit vn rempart de la frontiere, pource qu'Auxone & le destroit de Sainct Laurent auoient esté distraits de son obeyssance. Le marché quarré est tres spacieux, l'Eglise de nostre Dame magnifique, le College de S. Ierosme garny de plusieurs bons Liures manuscripts & le Doux, qui la trauerse de plusieurs ponts, pour la commodité des places.

Auxone. Auxone a cinq lieuës de Diion auec vn beau pont sur la Saone, qui ne contribuë pas peu aux fortifications de cette ville & du chasteau, qui sert de clef pour fermer les portes de la Duché aux ennemis de cet Estat.

Verdũ Verdun Comté ou le Doux se descharge dans la Saone, en est distante d'vnze ou douze lieuës. Nuits, qu'on peut prendre auec iuste raison pour la demeure des anciens Nuitons, qui entrerent auec les Bourguignons dans les Gaules, n'en est esloignee, que de trois.

Nuits.

De Paris, à Beaulne & Chalons.

LE chemin de Beaulne est ouuert par Diion, & par Nuits: de Nuits à Beaulne il n'y a énuiron que quatre lieuës; & presque autant de Beaulne à Chalons.

Beaulne à sept lieuës de Diion, a esté fondée à ce qu'on tient par les Romains, & à dire le vray, les vieux edifices reseblent fort aux habitations des garnisons Romaines, & les marbres auec les autres antiquitez, qu'on a trouuées creusant les fondemens du chasteau en sont des preuues certaines. Le Dieu de la Guerre en a fait vne place d'armes, la charité y a estably son Hostel, & la Iustice y auoit

Beaune.

consacré son Temple, auant que Dijon eut cet honneur d'auoir vn Parlement. Car outre qu'elle est forte d'assiete, auec vn lac voisin, qui arresta tousiours le passage d'vn ennemy, ceinte de bonnes murailles, garnie de rempars & de fossez, auec deux grosses sources d'eau, dont l'vne entre dans la ville & y coule comme vne riuiere, & l'autre se iette dans les fossez, & enuironne l'enceinte des murailles, le chasteau que Louys XII. y fit bastir, est si bien flanqué de quatre gros bastions, & si bien pris dans les regles de l'art, qu'on le iuge imprenable.

Hospital de Beaune.

Son Hospital est plustost vn Palais Royal, qu'vn logis des pauures, qui fut fondé par vn Chancelier de Philippe Duc de Bourgogne, auec tant de magnificence, que le Roy de France & le Duc de Bourgogne y ont leurs chãbres richement meublées, & les malades leurs logemens differens selon leur condition. La grande cour, qui regne le long d'vne superbe sale a deux galeries l'vne sur l'autre, où sont les chambres accompagnées de cabinets : elle est arrousée du ruisseau, qui trauerse la ville, & les offices y sont distinguez par ordre. On y void aussi vn Palais, pource que le Parlement de Bourgogne y fut estably dés le commencement, & la Chancelerie y est encore, comme vne piece de sa premiere pompe.

Pour Chalons sur Saone, differente de Chalons sur Marne, c'est vne ville *Chatres-ancienne*, laquelle fut choisie par *lons sur Saone* Iules Cesar, pour estre le Magazin des bleds de son armée, & qui a donné vn agreable exercice à la plume & aux peres de nos vieux historiens sous le nom d'Orbandale. Mais qui est plus connuë, pour auoir esté le Siege de deux Conciles, l'vn sous Clouis II. & l'autre sous Charlemagne ; & pour auoir esleué sur ses propres ruynes des trophées au courage & à la fidelité de ses citoyens, lors qu'ils s'opposerent si genereusement au progrez des armes d'Attila, dont neantmoins ils ne peurent euiter la fureur. Son pont est de pierre, & sa citadelle fortifiée de quatre bastions Royaux. Il y a ville ancienne & nouuelle. Les murailles de l'ancienne sont maçonnées de brique, & d'vne pierre solide & quarrée, auec trois ceintures dorees; d'où vient que la ville porte en ses armes trois cercles d'or en champ d'azur, comme l'Eglise Cathedrale porte d'azur aux Fleurs de Lys sans nombre, qui sont les armes anciennes de France, que Childebert luy donna auec reliques de S. Vincent, dont elle porte le nom.

Abbaye de Cisteaux On peut voir dans le terroir de Beaulne l'Abbaye de Cisteaux, chef d'Ordre, qui commande à dix-huict cens Monasteres de Moynes, & a autant de Religieuses, respandus par tous les endroits de l'Europe. Elle a pris son nom du grand nombre des Cisternes, qu'on y void creusées pour recueillir les eaux de la pluye.

*De Paris, à Auxerre, Autun,
Tournus & Mascon.*

SOrtant de Paris on prend le chemin de Sens, qui est de 24. lieuës ou enuiron, puis on passe par Villeneufue le Roy, Villeualier, Ville-Chien, S. Aubin, Ioigny sur Yonne, Bussou & Espinay, d'où l'on vient à Auxerre distance de Paris enuiron de 35. lieuës. *Auxerre.*

Auxerre auec le tiltre d'Euesché, & le siege d'vn Bailliage, est vne ville belle & ancienne ; Belle pour estre assise sur les bords de l'Yonne, dans vn sol tres fertil, & sur le panchant d'vne montagne. Ancienne, puisqu'elle estoit considerable des le temps de Iulien l'Apostat, lequel y rafraischit son armée, lors qu'il marcha contre la ville de Troyes en Champagne.

D'Auxerre à Autun, il y a quelques vingt-lieuës de distance, dans lesquelles on passe par Creuant, Aualon, &

& Saulieu, trois petites villes esloignées presque esgalement l'vne de l'autre.

Autun. Autun fut la bonne amie & la sœur d'alliance de la grande Rome, & la Capitale des Heduens. L'on peut assez connoistre son ancienne magnificence par ses vieilles ruynes. La ieunesses des Gaules y auoit ses Escoles, la Noblesse son Academie, & les Druides leur Parlement. La Ianuoye, qui est le Temple de Ianus, le Marchant de Champ de Mars; le Mont-Dru le siege des Druides, le Mont-Iou, la Colline de Iuppiter, auec les restes d'vn grand nombre de statuës, de colomnes, d'aqueducs, de pyramides, d'arcs de triomphe, & d'autre ouurages de la superbe antiquité, que les Goths ruinerent en haine du nom & de la majesté Romaine sont des tesmoignages que cette ville ambitionoit d'imiter, & mesme d'aller du pair auec la Maistresse du monde. Elle est d'uisée en deux; la haute est couuerte du Mont Cenis, au pied duquel est son chasteau, auec l'Eglise Cathedrale dediee

DE LA FRANCE. 113

diée à S. Nazaine, & la basse, qui se nomme Marchant est arrousée de la riuiere d'Arroux, qui se và descharger dans la Loire.

D'Autun à Tournus les Voyageurs content enuiron 20. lieuës par les villages de Claigny, Visnanbourg, la Mothe, S. Linard, Buffibourg & Simmontiers.

Tournus Scitué dans vn des fertiles & agreables pays de la France, arrousé des eaux de la Saone, & couronné d'vne enceinte de colline, ou croissent les bons vins, fut autrefois diuisé en trois parties, dont la premiere qui ne sont plus que des tristes ruynes, se nomme encore à present Trinochium qui estoit vn lieu de seureté, où les Romains auoient leurs magazins. La deuxiesme est Tornus, qui comprend la Parroisse de S. André, separée de l'autre par vn petit ruisseau, qui coule sous vn pont couuert de grands bastimens, sans qu'on puisse voir son cours. La troisiesme est l'Abbaye, chef de plusieurs Prieuré & diuerses Prouinces de France, qu'on prendroit

H

plustost pour vne Citadelle, que pour vne Maison Religieuse, si les Clochers esleués au dessus des murailles & des fortifications, ne faisoient connoistre, que c'est vn lieu de pierres, & non point vne place d'armes.

Mas- con. Mascon, n'est esloigné de Tournus que de cinq ou six lieuës. C'est la principale ville du Masconnois, laquelle a presqu'aussi souuent changé de face, que de Seigneurs. Elle fut premierement ruynée par Attila Roy des Huns, puis apres par les François dans les guerres formées entre le Roy Lothaire, & les Ducs de Bourgogne. Louys le ieune n'y laissa pas deux pierres l'vne sur l'autre, & ayant esté releuée de ses ruines, sous le Roy Philippe Auguste, les Huguenots demolirent ses Temples & ses Autels pendant leurs fureurs ciuiles. Le Roy S. Louys l'achepta de Iean Comte de Mascon & d'Alix sa femme. Charles Dauphin & Regent de France durant la captiuité du Roy Iean son Pere, en fit don à son frere Iean Comte de Poitiers: mais le Pere ayant racheptéea liberté retira cette ville des mains de son fils, pour l'vnir à la Couronne. Louys XI. par le traité d'Arras la remit entre les mains de Philippe Duc de Bourgogne, & le mesme le reprit apres la mort de Charles le dernier Duc. Elle est assise sur le penchant d'vn costeau, la riuiere de Saone baignant le pied de ses murailles auec vn pont pour passer dans la Bresse.

De Paris, à Moret & à Fontain-bleau.

L'On peut prendre si l'on veut le grand chemin de la poste, qui est Ville-Iuifue, Iuuisy, Essone, &c. pour aller à Fontaine-bleau; ou bien l'on peut passer par Charentõ, le rempart des Roys de France contre les ennemis de leur Estat, puis par Choisy, Ville-Neufue S. George, Chastillon & Corbeil, ville assise sur la Seine, à l'embouchéure de la Iuine, ou de la riuiere d'Estampes.

De Corbeil, l'on vient au Plessis, à

Charenton

Corbeil

DESCRIPTION

Pont-Thierry & à Melun capitale du Hurepois fur la Seine, qui fait vne *Melū* Ifle au milieu de fon canal, ou eft bafty le chafteau : le refte de la ville eft efleué fur l'eminence d'vne colline, de forte qu'elle eft partagée en trois à la façon de Paris. Auffi eft ce vn Prouerbe des bonnes gens du pays, *Apres Melun Paris*, pource que Paris fut conftruict fur le plan de Melun.

De Melun l'on fe rend à Moret, pe-
Moret tite ville fur la riuiere du loing, qui fut prife par le Roy Charle VI. pendant les confufions de fon Regne, & erigée en Comté par le Roy Henry III.

Fontainebleau n'eft pas efloigné de
Fon- deux lieuës de Moret. Il eft vray, que
taine- pour fuiure le droit chemin, lors qu'õ
bleau. eft à Pontierry, il faut paffer par la foreft de Bierre, par Verneaulx, & par les hautes loges, d'où l'on arriue ayfement à cette Maifon Royale, le feiour agreable de nos Princes, & le lieu dedié à leurs innocens plaifirs, que le Roy S. Louys nommoit fon defert & fa folitudé qüe François I. com-

mença d'ēbellir, & que le Roy Henry le Grand fit acheuer auec tant de perfection, qu'il peut paſſer au iugement des bons Maiſtres pour vn des plus ſuperbes baſtimens de l'Europe. Il n'eſt nommé Fontaine-bleau, qu'à cauſe de ſes belles Fontaines; où la premiere choſe que vous deuez conſiderer ſont les Cours, à ſçauoir celle du cheual blanc, ou vous voyez la figure d'vn beau cheual de plaſtre, de la couleur & de la taille d'vn autre cheual ſauuage, qui fut pris en la foreſt. Cette Cour a quatre-vingt toiſes de long & cinquāte huict de large; elle eſt compoſée de trois corps de logis auec leur pauillons, où l'on compte plus de ſix vingt chambres pour loger les Seigneurs & Gentils-hommes de la ſuite du Roy.

Cours.

La court du Donjon, dite de l'Oualevous fait voir vne belle horologe, qui a deux figures, l'vne du Soleil & l'autre de la Lune, qui vous monſtrent les heures & le cours des Planettes. La court des Officiers vous ſert de promenade où vous entendez les

H iij

nouuelles du grand monde de la bouche des courtisans. La court de la Fontaine est remplie de plusieurs antiquitez.

Bastimens de Fōtaine-bleau.

Les quatre Galeries sont bien plus diuertissantes. La grande, qui a 60. toise de long & trois de large ornée d'emblemes & de deuises, vous apprend la difference qu'il y a entre la ruse & le courage, par la description du Havre de Grace & de la ville d'Amiens dont celuy la fut pris par les artifices d'Elizabeth Reine d'Angleterre, & repris par le courage de Charles IX. & celle cy fut gaignée auec des noix par l'Espagnol & regagnée a coup de canon par les François.

Galeries.

La petite Galerie, qui regarde sur la Cour de la Fontaine, & dans laquelle fut tenuë cette celebre conference entre l'Euesque d'Eureux, depuis Cardinal du Perron & le Sr. du Plessis Mornay, est decorée de plusieurs testes de Cerfs prodigieuses en leur hauteur, & embellie des plus belles maisons Royales peintᵉˢ en perspectiue, comme S. Germain en Laye, Monceaux, &c.

La Galerie de la Reyne, de laquelle on regarde dans la volerie, represente les batailles & les Victoires du Roy Henry IV. Enfin la chasse est en peinture dans la Galerie des Cerfs.

Apres les Galeries vous entrez dans les sales. Dans la grande, vous voyez les combats & les victoires de Charles VII. contre les Anglois sur les tapisseries. Dans la sale de la belle cheminée, l'on void la figure du Roy Henry IV. à Cheual de Marbre blanc qui est vne piece incomparable. La Sale des Bals est parée des deuises & des Croissans d'Henry II. & dans celle des Comediens, l'on void vn Ciel artificiel se mouuoir presque auec autant de iustesse que celuy de la nature.

En suite il faut voir les Iardins, les Fontaines, les Parcs, les allées & les diuerses Figures, qu'il semble que la main de l'ouurier ait voulu animer. La Forest est tres-grande & disposée en huict gardes, & ces gardes en plu- {.sidenote: Iardins.}

H iiij

sieurs routes. Ie ne conseille pas à ceux qui apprehendent les esprits & les monstres d'entrer bien auant, de peur de rencontrer le grand Veneur, c'est ainsi qu'on nomme vn grand homme noir, que les paysans voyent assez souuent auec vne meute de chiens, & qui donna autrefois de la terreur à Henry le Grand, qui n'auoit iamais pasly dans les combats.

De Paris, à Nemours & à Montargis.

DE Paris à Ville Iuifue 1. l. a Ieuify 3. l. a Essone 4. l. à Milly en Gastinois 4. l. à la Chappelle la Reyne 2. l. à S. Mathurin, où les insensez *Saint Mathurin* sont conduits par deuotion 1. l. & de la à Nemours deux.

Nemours qui emprunte son nom des bois, qui l'enuironnent de tous costez, puisque les Latins les nomment *Nemora*, est plus recommandable pour les Princes, qui l'ont possedé,

DE LA FRANCE. 121

que pour l'antiquité de la fondation. Charles VI erigea cette terre en Duché pour Charles II. Roy de Nauarre fils de Charles le mauuais, qui auoit causé tant de maux en France sous les regnes de Iean & de Charles son fils.

Montargis sur le Loing, n'est pas esloigné de Nemours assis sur la mesme riuiere plus de trois lieuës. Il est vray que le chemin de Paris à Montargis n'est pas de passer à Nemours mais de le laisser à main gauche aussi bien que Sainct Mathurin, au sortir de la Chappelle la Royne, & de passer par la maison Rouge, Pont Agasson ou Chasteau Landon petite Ville en Gastinois & Prefontaine. *Montargis.*

Montargis est vne petite Ville fort agreable, pour le lieu de son assiete, d'ou l'on descouure les forests & les plaines du Gastinois & du Hurepois, & pour ce sujet elle est nommée Montargis, comme qui diroit le Mont d'Argus, & pour ses auenuës qui d'vn costé sont des vignobles,

& de l'autre des prairies. Le Chasteau Royal, qui fut rebasty par le Roy Charles V. est renommé dans nos histoires par la fidelité du chien, dont le combat est depeint sur vne des cheminées de la grand Sale, vne des plus belles de France.

De Paris, à la Charité, Neuers & Moulins.

LOrs que vous estes à Montargis distant de Paris enuiron de 22. ou 23. lieuës, vous vous rendez à Briare, qui en est esloigné de 6. ou sept, ou vous voyez le Canal de Briare par lequel le commerce est ouuert de la Loire dans la Seine, auec le Loing qui leur sert comme de liaison.

Canal de Briare.

De Briare l'on vient à Giem, ville tres-ancienne & garnie d'vn beau pont sur le Loire, dont Cesar fait vne honnorable mention, si toutesfois *Genabum* est Giem, ou Orleans. De Giem à Bonny, ou autrefois le Prince de Condé trouua le gué commode

Giem.

DE LA FRANCE.

pour passer la riuiere. De Bonny à Chastillon, qui souſtint vn siege ſous Charles IX. les hommes se defendans à coups de pierre, & les femmes verſans de l'eau bouillante ſur la teſte des aſſaillans. De Chaſtillon à Coſne ſur Loire. 3. l. de la à Male Tauerne, puis à Pouilly & enfin à la Charité, ſeparée de Paris par l'interualle de 42. ou 43. l.

Bonny

Chaſtillon ſur Loire.

La Charité merita de porter ce beau nom, pour les grandes liberalitez qu'y exerçoiēt autrefois les Moynes de Cluny enuers les pauures & les Pelerins. On y voit vn beau pont de pierre ſur le Loire, qui eſt vn paſſage fort important, dont le Duc des deux ponts ſceut bien ſe preualoir ſous le regne de Charle IX. lors qu'il ſurprit cette ville dégarnie d'hommes, & qu'il accourcit ſon chemin de 60. lieuës, qu'il auoit à faire, pour remonter à la ſource du Loire, & ioindre l'armée des Princes proteſtans.

La Charité.

Neuers eſt à trois lieuës de la Charité, groſſe & opulente ville ſur la meſme riuiere de Loire. Son pont eſt

Neuers.

magnifique, basty de pierres de tailles, & soustenu de vingt arcades, d'vne riche structure, auec des ponts-leuis aux deux bouts, & des tours pour battre aux auenuës. Les murailles sont remparees de plusieurs grosses tours, & entourées de bons fossez. Cesar la nomme *Nouiodunum*, où il tenoit ses magazins & ses finances. La Nieure, qu'on croid auoir donné son nom à cette ville, y entre dans le Loire sous le grand pont. L'Eglise Cathedrale dediée à S. Cyr est assez grande, & le Chasteau des Ducs fort beau, ou l'on void dans le Chasteau vne table de marbre transparente, laquelle estant tournée au Soleil, ou exposée à vne lampe, rend les couleurs les plus rauissantes, que la nature & l'art puissent produire. De Neuers on se rend à S. Pierre le Monstier par vn chemin de six lieuës, qui est bien nommé ruë d'enfer, pour estre extremement fascheux & difficile, particulierement en hyuer.

Rue d'enfer.

De S. Pierre le Monstier, Ville

nouuelle, Siege Presidial, l'on vient à Moulins, qui en est esloigné de six ou sept lieuës.

Moulins, capitale du Bourbonnois, est assise sur les bords de l'Allier & de Dune. Son aspect est si agreable au Printemps, qu'on la prendroit pour vn iardin, ou pour quelque lieu de plaisance, complacée d'arbres & diuersité de tours & d'edifices. Son enceinte est petite, mais elle a de grands Faux-bourgs, dont la meilleure partie a esté renfermée de murailles durant les dernieres guerres. Son Chasteau est spatieux & magnifique, la demeure des anciens Ducs de Bourbon, qui ont leurs portraits representez au naturel dans vne des galeries. On y monstre aussi dans vne chambre la peinture de Artam Geant, dont les os sont à ce qu'on dit à Valence en Dauphiné.

Moulins.

*De Paris, à Orleans, à Bourges
& à Moulins.*

VN autre chemin pour aller de Paris à Moulins est celuy d'Orleans. Il faut passer par le Bourg la Reyne, par Long-Iumeau, d'où Theodore de Beze estoit Prieur, auant qu'il eust abandonné le party de l'Eglise Romaine pour embrasser les opinions nouuelles de Geneue, & puis par Linas ou Montlehery, où fut autrefois donnée la bataille entre Louys XI. & le Duc de Charolois en la guerre du bien public.

Long-Iumeau.

Montlehery.

De Linas à Estampes il y a six ou sept lieuës, presque autant qu'il y a de Linas à Paris, où l'on passe par Chastres & par la vallée de Torfou, lieu assez dangereux pour les voleurs, qui y font leur retraite.

Estampes.

D'Estampes, qui porte le tiltre de Duché appartenante à la maison de Vendosme, l'on vient passer par Angeruille & par Toury, deux petites villes de la Beauſſe par Artenay, la Croix Borquet, Sercotes, noſtre Dame des Aydes, & de la on entre dans Orleans à 34. l. de Paris.

Orleans vne des belles villes de France, autrefois la capitale d'vn Royaume, pendant nos premiers Roys, le ſiege de cinq notables Conciles, le ſeiour des Sciences, auec vne Eueſché & Vniuerſité, & le Theatre des plus ſanglantes guerres de cét Eſtat, où les hommes ont fait paroiſtre leurs paſſions, & Dieu ſes merueilles, eſt aſſiſe ſur la riuiere de Loire dans la Beauſſe, ſur vn coſteau, qui s'eſleue doucement; & au milieu de la riuiere paroiſt vne Iſle fort agreable, couuerte en partie d'arbres, qui ombragent le lieu, & de baſtimens. L'Iſle eſt attachée d'vn coſté à la ville par vn pont, & de l'autre aux Fauxbourg nommé Portereau, le pont eſt deffendu de quelques tours & bouleuars, & la ville fortifiée de bonnes murailles terraſſées, & de pluſieurs tours rondes, qui ſe reſentent beaucoup du canon des premiers Guer-

Orleans.

res Ciuiles entreprises pour la Religion.

 L'Eglise Cathedrale de Ste. Croix, qu'on croid auoir esté bastie par vn des premiers Euesques d'Orleans, dés l'an 350. & enrichie d'ornemens par l'Empereur Constantius, quoy qu'Arrien, est vne de celles, qu'on escrit auoir esté benistes & consacrees de la propre main de Iesus-Christ. Elle fut ruynée pendant les guerres Ciuiles par les Religionaires. Son clocher estoit le plus haut de la France, comme celuy de Strasbourg est le plus haut de l'Allemagne. Ce qui a esté remis du vieux dessein est deu à la pieté du Roy Henry IV. L'Eglise deseruie par 59. Chanoines & 12. dignitez, est longue de 180. pas & large de 140. ses piliers sont hauts de dix-sept toises, mais le clocher s'esleuoit au dessus des piliers plus de 3-.

Eglise de St. Croix

 Quant à la ville elle fut assiegée il y a plus de douze cens ans par Attila Roy des Huns, qui fut contraint de leuer le siege, & de se retirer dans les plaines de Chalons, où il fut entierement ment

Siege d'Orleans

ment defait par Aëtius General des Romains, souſtenu des François & des Goths. Elle fut encore aſſiegée pour la troiſiefme fois l'an 1563. par François Duc de Guiſe, ayant eſté ſurpriſe auparauant par le Prince de Condé, ou ce vaillant Duc perdit la vie d'vn coup de piſtolet, que luy deſchargea Poltrot, gaigné par les promeſſes de l'Admiral de Coligny.

Mais le Siege le plus memorable fut celuy, que planta le Comte de Salisbery au nom du Roy d'Angleterre, & qui fut leué par le conſeil & par la force d'vne ieune Bergere, Ieanne d'Arc nommée communement la Pucelle d'Orleans. Dont l'hiſtoire eſt repreſentée ſur le Pont, où l'on voit l'image de la Vierge tenant ſon fils, entre les bras, detaché de la Croix, & d'vn coſté le Roy Charles VII. armé de toutes pieces, & de l'autre vne fille armée, auec les bottes & les eſperons d'vn Caualier, les genoux pliez, les mains iointes & les cheueux flottans ſur ſes eſpaules. *Pucelle d'Orleans.*

Sortant d'Orleans noſtre voyageur

ira passer à Oliuet à vne lieuë de là, ou il pourra voir la petite riuiere du Loiret, qui ne tarit iamais, ne se gele point & est aussi grosse à sa source qu'à son embouchure.

Oliuet

D'Oliuet à Bourges il y a enuiron 20. l. par Cormes, la Ferté S. Aubin, Menestreau, Vouzon, Pierre Fite, Soume, Neufay sur Beneron, Alogny, Bleron & S. Eleu.

Bourges la capitale du Berry bastie sur l'Eure, & à l'embouchure de plusieurs petites riuieres dans des marests est si forte, qu'il faudroit trois armées pour l'assieger. Aussi s'est elle tousiours preualuë des auantages de son assicte, & Vercingentorix chef des Bitunges eut bien le courage de resister à Iules Cesar, qui la prit neantmoins, & y tailla en pieces quarante mille Gaulois. Elle est outre cela defenduë de quatre-vingt tours, sans conter la grosse tour qui luy sert de rempart, & qui n'a point sa pareille ailleurs, quoy que les tours de Noremberg, celle de Constance & celle d'Aigues-Morte en Languedoc

Bourges.

DE LA FRANCE. 151

semblent en approcher.

La ville est fournie de toutes les choses necessaires à la vie humaine, *Berry* les plaines sont riches de moissons, le pendant des collines couuert de vignes, les pasturages excellens, les forests voisines, donnent des lievres & du gibier, les riuieres & les estangs nourrissent du poisson & des oyseaux sauuages, les iardins portent des herbes & des fruicts, & les moutons sont chargez de fines laines, d'où vient aussi que les armes anciennes de la ville sont vn Mouton.

L'Eglise Cathedrale dediée à S. Estienne est supportée de 59. piliers, & embellie de plusieurs riches sculptures. La Ste. Chappelle bastie par Iean Duc de Berry fils du Roy Charles V. où il est enseuely, est remarquable pour ses vitres, à trauers lesquelles les rayons du Soleil ne peuuent penetrer, qui est vn excellent secret. C'est le siege d'vn Archeuesque auec vne fameuse Vniuersité, ou les Allemans se plaisent fort, qui ont esté soigneux d'en d'escrire soigneu-

I ij

sement toutes les particularitez dans leurs voyages, comme la maison de Iacques Cœur, qu'on tient auoir autant de fenestres, qu'il y a de iours en l'an, l'hostel de Ville, la grande place de S. Pierre, la Fontaine Medicinale qui est aux Faux-bourgs, les os du Geant Birat, qui auoit quinze coudée de hauteur.

De Bourges l'on peut aller à Dun le Roy, qui n'en est esloigné que de cinq l. & puis si l'on veut aller iusques à Moulins, il y a seize l. par le Pont de Chargy, Venoul, Colobry, Pont de Pussay, &c.

De Paris, à Lyon.

L'On peut se rendre à Moulins, & la passer par Tolon, Bessay, Sainct Loup, Varennes, S. Gerain, le Puis, Parigny, la Palisse, la Tour, S. Martin, la Pasquaudiere, & Roane, qui est Roane distante de Moulins de 20. l. Roane n'est effectiuement qu'vn Bourg, mais qui vaut mieux, que plusieurs villes.

où la riuiere de Loire commence à porter de grands basteaux.

De Roane à Lyon il n'y a que 14. l. par l'Hospital, la Montagne de Tarare, Bully, la Bresle, la Tour & Montribleau.

Lyon, se peut vanter d'auoir esté la mere de plusieurs illustres personnages, hommes d'Estat, Orateurs excellens, & puissans Empereurs, comme de Caracella fils de Seuere, & de Caligula successeur de Tibere, lequel pour annoblir sa patrie, ordonna tous les ans vn combat d'Eloquence dans ce superbe Temple que les soixante Prouince des Gaules auoient fait bastir à l'honneur d'Auguste, & ou chacune auoit son effigie, ses armes & son nom Cette ville a esté le siege de deux Conciles Oecumeniques, l'vn sous Innocent IV. ou Frederic II. fut priué de l'Empire, & l'autre sous Gregoire X. ou Michel Paleologue Empereur des Grecs se mit dans l'vnion de l'Eglise Romaine. Clement V. y receut la Tiare, les Cardinaux, le Chapeau rouge, & Henry IV. Marie de

Lyon.

Conciles de Lyon.

Medicis pour son espouse.

Ce seroit assez pour vous faire connoistre son excellence & sa grandeur, de dire, que c'est la principale Ville des Celtes, le rempart de la France, le siege du Primat des Gaules, & l'abord general des commerces du monde, où l'on void plus de tombeaux, de medailles, d'inscriptions, de bains, d'estuues, d'amphiteatres, d'aqueducts, de colomnes, de statuës, d'ebelisques, de pyramides, & d'autres marques de l'antiquité, qu'en tout le reste du Royaume.

Les Latins l'ont nommée *Lugdunum* comme qui diroit la montagne des lumieres, pour estre esleuée sur le haut d'vne montagne, ou elle reçoit les premiers rayons du Soleil; & pource qu'il y auoit vn miroir au Temple de Venus si bien posé, qu'on le pouuoit aysement voir des plus reculées montagnes de la Sauoye. Dautant present qu'elle fut ainsi nommée, comme qui diroit colline lugubre; & en effet elle a esté depuis sa fondation le Theatre des fureurs de la guerre, de la cruauté

DE LA FRANCE. 135

des Tyrans, de l'aspreté des Saisons, de l'horreur des maladies, de la rigueur des Elemens, de la cholere des hommes & de Dieu. Elle fut demolie sous Auguste, & transferée de l'Isle où elle estoit renfermée, au haut de la montagne; elle fut depuis reduite en cendres en vne nuict sous Neron, qui la fit rebastir. Aurelius l'arrousa du sang des Chrestiens. Seuere la sacagea, & graua les marques de sa fureur auec le fer & le feu, sur les pierres & sur les hommes. Les Huns la pillerent sous Theodose, les Sarrazins sous Charles-Martel, & les seditieux sous Auguste. Sans parler des autres sieges, prises, saccagemens, pestes & embrasemens, qui pouroient rendre son sort plus lamentable, si la magnificence des Roys & le soing de ses citoyens ne l'auoient renduë plus glorieuse apres ses pertes, qu'elle n'estoit en ses premieres fortunes.

Il me suffit de dire que c'est vn abbregé du monde, qui comprend dans son enceinte la montagne & la plaine la terre & l'eau, les bastimens & les

I iiij

campagnes; & que c'est pareillement la grande porte de l'Vniuers, qui vous donne l'entrée dans l'Italie, l'Espagne, l'Afrique, l'Orient & l'Occident. D'ou vient que le trafic y est si bien entretenu, & qu'il y a toutes sortes d'ouuriers, tãt naturels qu'estrangers, pour la commodité du commerce. Les viures y sont en abondance & à bon prix, les bleds s'y portent de la Bourgogne par la Saone, les fruits de la Prouence, & les vins du Languedoc & du Dauphiné par le Rosne.

Commerce de Lyon.

Ie me contente de remarquer au sujet de ces deux riuieres le Rosne & la Saone, sur la ionction desquelles elle est bastie, qu'il y a vne pyramide à trois angles dans la place de Confort, dressée à l'hõneur d'Henry IV. auec vne inscription grauée sur la muraille d'vne des maisons voisines, qui tesmoigne, que l'an 1570. le debordement du Rosne & de la Saone, fut si prodigieux, que ces deux gros fleuues mõterent iusques-là. L'vn & l'autre a ses ponts remarquable, tant par la beauté de leur Architecture, que par

La place de Cõfort.

la difficulté de leur affiete. Celuy du Rofne eft long de 80. pas, foutenu de 19. grandes arcades, & de fept petite, où la Croix, qui eft dreſſée deſſus, marque la feparation du Dauphiné & du Lyonnois, & la haute tour fert defchauguette. Celuy de la Saone n'a que neuf arches, mais qui eft auantagé d'vn port & d'vn quay fort commode.

De Paris à Grenoble & Embrun.

POur aller à Grenoble, il faut ſe rendre à Lyon eſloigné de Paris enuiron de 105. l. & de Grenoble 16. par Artais, Morans, S. Robert & S. Martin.

De Grenoble à Embrun l'on en conte enuiron 18. ou 19. par Champs, Pierre Chaftel, la Meure, Pont-haut, Beaumont, les Souchons, Cors, Afpres, la plaine de Baume, S. Eufebe, Bonnet, le Col S. Difier, qui eft vne montagne, Gap Euefché, Cherges, Pont de Saume, & Embrun.

DESCRIPTION

Grenoble. Grenoble Capitale de la Prouince du Dauphiné, & le Siege d'vn Parlement distante de Lyon de seize grandes lieuës, sur la riuiere d'Issere, a pris son nom de l'Empereur Gratian, qui l'agrandit. Ses fortifications sont de huict gros bastions, & ce qu'on y void de plus beau, tant pour les edifices publics, que pour les maisons particulieres est depuis le gouuernement du Mareschal de Lesdiguieres Connestable de France. Ce que l'on y peut voir sont les deux portes anciennes que l'Empereur Maximian fit bastir, dont l'vne fut nommée *Romana Ionea*, & l'autre *Herculea*, à la gloire de cét Empereur, qui s'egalloit à Iuppiter, & qui faisoit de l'Hercule en terre; la maison du Roy, ou la Thresorerie, la Tour de la Bastille.

Grãde Chartreuse. A trois lieuës de Grenoble on doit voir la gránde Chartreuse, chef de l'Ordre des Chartreux, & les quatre miracles que Louys XI. auoit remar-

Fontaine qui brusle quez dans cette Prouince, à sçauoir, la Fontaine qui brusle, la Tour sans venin, qui ne peut souffrir aucune beste veneneuse, la Montagne inaccessible, & la belle vallée, qui est depuis aualon jusques à Grenoble, auec le lac Sousterrain de nostre Dame de la Barme, & le superbe Chasteau de Vizile assis sur la Romance, ou l'on void l'esprit, la conduite & la magnificence du Connestable de Lesdiguieres. *Chasteau de Vizile.*

Pour Embrun c'est vne ville naturellement forte, assise sur vn rocher inaccessible dans les Alpes maritimes, auec vn Archeuesché, dont l'Archeuesque faisoit battre monnoye & portoit la qualité de Prince. Le Roy a vne place d'honneur parmy les Chanoines de l'Eglise Cathedrale, & le defunt Roy Louys XIII. en son voyage de Suze porta l'aumusse & le surplis au Chœur. *Embrun.*

De Paris, à Romans, Vienne, Valence & Orange.

LYon est comme le rendez vous general des voyageurs, qui veulent aller à Paris, à Romans, Vienne, &c.

Romans. Romans sur l'Isere, ville bastie à ce qu'on tient, sur le plan de Ierusalem capitale de la Iudée, est a 2 lieuës de Lyõ, par le chemin de S. Prieu, Irieux Artais, Chantonner, Rebours, & S. Antoine de Viennois Abbaye & chef de l'Ordre des Religieux de Sainct Antoine.

Vienne en Dauphiné n'en est distante que de cinq, en suiuant le cours du Rosne, ou bien prenant le chemin de la terre, & passant par S. Saphorin.

Vienne en Dauphiné. Vienne qui estoit autrefois le magazin des bleds de Iules Cesar, & qui est encore à present la principale ville du bas Dauphiné, a esté beaucoup plus grande, qu'elle n'est pas, comme on le peut iuger des masures de ses vieilles murailles. Elle est assise sur le Rosne, qu'on passe sur vn pont, & **La riuiere de Gere.** arrousée de la petite riuiere de Gere, qui fait moudre plusieurs moulins à bled & à papier, & mesme quelques vns à metal, ou se font d'excellentes lames d'espées, par l'inuention de certains martinets, qui se leuent & s'abbaissent à la cadence par le mouuement des rouës, comme les marteaux des forgerons. Cette ville dispute auec Lyon de la primatie des Gaules, & se glorifie d'auoir veu l'Eglise vniuerselle auec son chef, assemblée deux fois dans l'enceinte de ses murailles pour deux Conciles Oecumeniques. Les antiquitez, dont elle conserue les restes sont des tesmoignages du rang, qu'elle a tenu parmy les belles villes de l'Empire Romain. Son Amphiteatre est presque tout entier, on y void vne Tour ronde, que Tibere fit bastir, & où l'on pense que Pilate mourut. Il y a encore de grandes Pyramides dans les Vignes, où estoit son logis; le lac où il se precipita, & mesme on tient pour vne chose asseurée, que l'Eglise de nostre Dame a esté bastie sur les ruynes du Palais, où il rendoit la iustice.

De Vienne à Valence il y a 14. l. par Auberiue, Rossillon, S. Rambert, S. Valier, ou il y a vn pont sur la Galaure, la maison de Pilate, le Tain, & le Port sur Isere.

Valence est la capitale du Valentinois assise sur le Rosne. L'Euesque se dit Comte de la ville, & Seigneur Temporel de Die; l'Euesché est aussi *Valēce* fort opulente par l'vnion de celle de Die, son Vniuersité qui reconnoist Louys XI. pour son instituteur, s'est renduë fameuse en droit Ciuil, & le docte Cujas y a professé auec reputation : Sa Citadelle est fortifiée auec garnison & Gouuerneur, la maison de ville a ses Escheuins, & le torrent nommé Barbeyrolle, qui se descharge dans le Rosne prez la porte de Bourg, luy cause souuent du dommage. Ceux qui ont recherché plus curieusement les autheurs de sa fondation, en donnent la gloire à Romus fils d'Allobrox Roy des Gaules; les autres disent auec plus de raison, qu'ayant esté peuplée d'vne colonie de Soldats Romains, elle prit le nom de la mere, dont elle nourrissoit les enfans, & se nomma Valence, qui signifie en Latin la mesme chose, que Rome en Grec, puisquelle auoit les mesmes citoyens.

Ce qu'on voit de plus remarquable

en cette ville sont les Fontaines, auec *Fon-*
leurs canaux, dont on n'a point en- *taines.*
core trouué ny le bout ny la source,
ouurage digne de la magnificence de
Iules Cesar. Les Eglises autrefois superbes & magnifiques, ne sont plus
que des tristes mouuemens de la fureur des Huguenots. L'on void dans
le iardin des Iacobins le portrait d'vn
Geant nommé Buard, haut de quinze
pieds & large de sept, comme on la
recueilly de ses ossemens prodigieux,
qui furent tirez du cloistre il y a quelques années. S. Iean de la Ronde,
qu'on nommoit le Pantheon, est vn
tesmoignage de l'opulence & de la
fausse pieté des anciens habitans, qui
taschoient de se conformer en toutes
choses aux mœurs & aux façons de faire des Romains.

Il y a vn trou dans l'Abbaye de S.
Pierre fondée au Bourg par Charlemagne, qui trauerse assez loing sous le *Trou*
Rosne, & conduit dans les campagnes *sous le*
au delà de la riuiere. Il y a de plus ou- *Rosne*
tre tous les ornemens vn excellent
Tombeau dans la maison d'vn parti-

culier, qu'on croid auoir esté d'vne Emperiere, qui fut trouué dans vne vigne auec cette inscription Latine, D. *Iustina* M. A l'ouuerture, qui en fut faite, parut vne fort belle femme, qui auoit vne bague d'or à chacune oreille, & à chacune bague vne pierre precieuse enchassée, à sçauoir vne Turquoise à l'vne, & vne Emeraude à l'autre : vne coupe de cristal à ses pieds, & vne lampe de verre à sa teste. Le corps & tout ce riche appareil s'en alla en poussiere, des aussi tost qu'il eut pris l'air.

Sortant de Valence on passe par le Port Lucron, Lauriot & Barbiens, pour arriuer à Montelimar ville marchande, assise au bas Valenanois, fortifiée d'vne citadelle & d'vn chasteau, & annoblie d'vn Chapitre fondé par Louys XI.

Monteli-mar.

De Montelimar à Pierre-Late on conte trois lieuës de chemin par des allées d'vn beau paterre naturel, bordé de Thyn, de Lauande, d'Hyssope & d'autres herbes odoriferante. Pierre Late est vne ville bien bastie & marchande,

Pierre Late.

marchande. Son chasteau est esleué sur vn rocher, qui a son aspect sur la riuiere de Berre, laquelle a veu couler le sang des Catholiques auec ses eaux dans vn mesme canal, lors qu'il furent esloignez ou precipitez des hautes tours de Pierre Late par le Baron des Adrets.

De Pierre à Nostre Dame de Plans il y a trois autre lieuës, & autant de là iusques à Orange en passant par Mondragon.

Il est hors de doute que la ville d'Orange, chef d'vne petite Principauté de mesme nom, estoit en grande reputation parmy les Romains, qui la consideroient, comme vne des plus illustres places de cette grande Prouince, qu'ils nommoient par excellence la Prouince, & que nous appellons maintenant la Prouence. Nous trouuons dans les anciennes inscriptions, qu'elle est nommée la Colonie des Secondains, c'est à dire des Soldats de la deuxiesme Legion. Et pour vne glorieuse marque de cette premiere habitation on y void encore les restes de plusieurs beaux ouurages dignes d'vne magnificence Romaine.

Arc de Triõphe. L'arc de triomphe dressé à l'honneur des Consuls, Marius & Luctatius apres la defaite des Cimbres, qui furent taillez en pieces au nombre de cent quarante mille, lequel est à vne des portes de la ville. Les Bains chauds & les Arenes, qui sont hors de la ville; celles cy cõseruent leur nom en deux vieilles tours, sans qu'il y ait aucun raport à vn Amphiteatre destiné aux exercices des Gladiateurs, ou aux ioustes des bestes, & ceux-la retiennent encore le nom de cét incomparable Romain qui les fit bastir à dessein de s'y lauer apres s'estre souïllé du sang des Barbares. Le Circ qui est *Circ.* dans la ville au pied de la montagne, en forme de Theatre, auec vn des plus beaux pans de murailles, qui soit en l'Europe, ayant cent trente six pieds de longueur, & cent de hauteur.

On tient la Citadelle pour vne des plus regulieres de l'Europe, ou l'on descouure iusques à cinq Prouinces, à sçauoir la Prouence, le Dauphiné, le Languedoc, L'Auuergne & le Forest, la riuiere d'Argent est au pied.

Quand aux Eglises elles ont changé de Maistres: les Protestans ayans ruyné les plus beaux bastimens, demoly les Autels, chassé les Prestres, profané les lieux Saincts par le poison de leur doctrine. De sorte qu'on n'y void plus aucune marque de cette ancienne Religion, que les Peres des premiers siecles y defendirent si courageusement en deux Conciles assemblés pour combattre les disciples de Pelagius.

De Paris, à Auignon.

DE Paris à Lyon il y a 105. l. ou enuiron, de Lyon à Mondragon 35. De Mondragon à Auignon enuiron sept, passant par Mornas, Caderousse, & Pont sur Sorgue.

Auignon capitale du Comtat, a vn pont sur le Rosne, dont l'entreprise *Auignon.* est iugée miraculeuse, & la structure incomparable, puis qu'on tient que S.

Benezet Berger fit cét ouurage par miracle, que les Cesars n'auoient osé entreprendre auec toutes les forces de leur Empire, & qu'il a d'ailleurs plus de trois cens pas de long, soustenu de dix-neuf arcades, dont il y en a trois de tombées du costé de la ville, & vne quatriesme du costé de Ville-Neufue. On a remarqué, que toutes les choses signalées de cette ville estoient autrefois au nombre de sept, à sçauoir sept Eglises Parroissiales, sept Conuents d'hommes, sept Monasteres de filles. Sept Portes, sept Palais & sept Colleges. Le plus grand de ces Palais seruoit de logis aux Papes, lors qu'ils tenoient leur siege à Auignon, & maintenant il sert d'Hostel aux Legats Apostoliques. Il y a vn autre vieux Palais à costé de celuy-là, où est vne cloche d'argent, qui ne sonne iamais qu'à la mort ou à la promotion d'vn Pape. Le Palais de l'Archeuesque est basty sur vn rocher flanqué de bonnes tours, ou l'on fait garde le iour & la nuict.

Cloche d'Auignõ.

Les Papes, depuisque Clement VI.

l'achepta de Ieanne fille de Robert Roy de Sicile, l'agrandirent de plus de la moitié, & c'est à leur presence que cette ville se confesse redeuable de tant de somptueux edifices, & de superbes Eglises. Dont la Cathedrale dediée à la Vierge, paroist eleuée sur vn roc auec vne illustre inscription sur la porte à l'honneur du Roy Louys XIII. Les Chanoines y sont vestus comme les Cardinaux.

On void dans l'Eglise de S. Martial les images de tous les Abbés de Clugny, & parmy eux celle de Casimir Roy de Pologne, qui fut obligé de sortir du Monastere, où il auoit fait profession, pour aller gouuerner son Royaume.

Celle des Cordeliers est plus glorieuse des dépoüilles & du tombeau de la belle Laure Maistre de Petrarque, que de la sepulture de plusieurs Princes. Mais le Tombeau de S. Pierre de Luxembourg merite bien plus de veneration, tant pour l'integrité de son corps, que pour le nombre & la grandeur de ses miracles.

Tombeau de la belle Laure

K iij

De Paris, à Marseille.

SOrtant d'Auignon il faut passer par Cauaillon, Orgon, S. Eloy de Crau, les Cabannes de Berre, & la montagne de Lennes, d'où l'on se rend à Marseille distance d'Auignon 18. l, & enuiron 166. de Paris.

Marseille. Marseille est vne Colonie ancienne des Phocenses Grecs, qui la bastirent sur les riuages de la Mediteranée dans vn lieu fort auantageux, qui leur donnoit de belles esperances de pouuoir arrester les progrez de la ville de Rome, qui ne faisoit que naistre. Car elle fut fondée au temps que le Roy Tarquin le Superbe regnoit à Rome, lors que Ierusalem capitale de la Iudée fut destruite par Nabucodonosor & qu'Harpalus força les Grecs de sortir de l'Asie, & de chercher leur seureté dans les Gaules, où ils ietterent les premiers fondemens de cette illustre Cité la mere des armes & des Lettres.

Son Academie a esté l'escole publique des trois plus sages peuples du monde, à scauoir des Romains, des Grecs, & des Gaulois, qui pouuoient y apprendre les sciences en leur langue maternelle; d'ou vient qu'elle fut nommée Triglossos en Grec, c'est à dire la Ville à trois Langues; iusques à ce que Tibere, ayant ouy parler des sacrifices detestables que les Druides, les Docteurs des Gaules faisoient de nuict, prist occasion d'abolir leur escoles.

Son ancienne Academie

Elle est bastie en forme de harpe, & fort à propos, puis que la police & les loix, qui s'y obseruent, forment vne harmonie agreable dans le gouuernement des citoyens. On ne la tient ny du Comté de Prouence, ny des terres adjacentes, aussi n'entre-elle point aux charges du pays, & n'a point de voix dans les Estats, bien qu'elle ait vn Euesché, & qu'elle soit comprise dans le gouuernement de la Prouence.

Il fait beau voir ses trois Consuls auec leur Assesseur vestus d'Escarlate

Ses cõsuls.

le iour de leur installation, & de Damas Cramoisy le iour de Pasques.

Elle se vante de ses bonnes murailles, de ses tours & bastions, & sur tout de son port si asseuré, que iamais vaisseau n'y a fait naufrage. Les Galeres y sont à couuert des Pirates & des tempestes, pour estre en ouale pratiqué entre deux rochers, qui destournent ou arrestent les vents, & pour estre tendu d'vne chaine de fer, qui ferme le passage aux vaisseaux ennemis, auec la grosse tour, qui est à l'emboucheure, & le fort de Nostre Dame de la Garde esleué sur vne petite montagne, qui commande à la ville, & luy sert d'eschauguette, outre les gardes qu'on pose le long des costes, pour descouurir les vaisseaux qui paroissent sur la mer, & aduertir les citoyens par le moyen des feux, qui se font sur les montagnes, depuis Morgues iusques à Marseille. Le chasteau d'If & le fort de Ratoneau bastis dans l'eau sur les rochers defendent ses auenuës.

Son Port.

On voit tous les iours sur son port

les Vaisseaux qui s'equippent, les vns pour Alep en Syrie; les autres pour Tunis, Alger, Tripoly, le grand Caire, & pour les meilleures villes d'Afrique.

Que diray-ie de ses superbes bastimens, de son Eglise Cathedrale dedié à S. Lazare, frere de Ste. Magdelaine & de Ste. Marthe, qu'on tient auoir esté le premier Euesque du lieu; de la maison du Duc de Guise, du Palais, où se rend la iustice; des campagnes voisines couuertes de maisons, en si grande quantité, qu'elles y font comme vn corps de Ville, iusques au nombre de quinze milles. Ce que ie prise dauantage en cette belle Ville, c'est qu'elle est tousiours Françoise, nonobstant les efforts de Charles Quint, & les artifices de son fils Philippe II.

De Paris, à Aix en Prouence, & Arles.

LOrs que vous estes à Auignon, vous pouuez prendre vostre chemin par Cauaillon & Mallemort, qui est d'vnze lieuës; ou bien par Tarascon, le Mas de Brain, S. Eloy de Crau, *Châp de Crau.* & par le champ de Crau, lequel est plus long de trois lieuës, mais neantmoins plus agreable, à cause qu'on y void Tarascon & la Crau.

Taraſ- con. La Ville de Tarascon assise sur le Rosne est forte, auec son Chasteau basty par René Roy de Sicile. L'Eglise principale est dediée à S. Marthe, où elle est inhumée, & la victoire, qu'elle remporta du Dragon, qui auoit si long temps infecté le pays depeinte sur vn pilier. Il y a desia quelques années, qu'vne Isle s'est formée au milieu du Rosne entre Beaucaire & Tarascon. villes opposées, pour dementir le vieux Prouerbe.

Qu'entre Beaucaire & Tarascon
Ne paist ny brebis ny mouton.

Pour la Crau c'est vne grande plaine pierreuse de la longueur de six ou sept lieuës, qui en valent bien douze Françoises, tres-fertile en bleds & en bons vins, outre la manne & le vermillon qu'on y recueille, au grand estonnement des Estrangers, qui considerent ce qu'ils n'auoient peu croire des herbes & des moissons croistre parmy des pierres, qui estans toutes d'vne mesme grosseur, & se touchans les vnes les autres, sont capables de rendre steriles les meilleures terres du monde. Les Grecs & les Romains, qui en ont eu connoissance, nous en ont fait de plaisans comptes, comme si ces pierres estoient les esclats des rochers, que les Geans lançoient contre les Dieux, lors qu'ils vouloient escalader le Ciel.

Pour Aix, le siege du Parlement de la Prouence, ce fut Caius Sextius Capitaine & Consul Romain, qui en ietta les premiers fondemens, & y dressa des bains d'eau chaude, apres auoir

Aix.

156 DESCRIPTION

conquis ce pays, l'an de la fondation de Rome 631. L'on peut visiter le tombeau de Nostradamus cet Astrologue & Mathematicien fameux, qui est dans l'Eglise des Cordeliers.

Arles   Si vous voulez voir la ville d'Arles, estant à S. Eloy de Crau, qui vous a esté marqué au voyage precedent, vous n'auez que trois lieuës à faire, iusques à cette noble Cité, la sœur d'origine de Marseille, vne des Colonies des Romains, la demeure des soldats de la Legion sixiesme, la Rome des Gaules, la gloire des Citez nommée la Mammillaire ou la Mammellice, pour la fecondité de son terroir, & Arles, comme qui diroit *Ara Lata*, à cause du grand Autel d'Hercules ou de Diane, duquel on void encore à present la pierre dans le College.

Son antiquité.   Le Temple de Diane, l'Amphiteatre, qui est vn des plus beaux de l'Europe, quoy qu'en die le docte Lipse, la place des Arenes pour les combats des Gladiateurs, & les caues dont il y en a vne qui passe sous le Rosne, & va iusques à Nismes, sont des tesmoi-

DE LA FRANCE. 157

gnages du rang qu'elle possedoit parmy les Romains.

Elle est assise sur le Rosne, qui l'ayant diuisée en deux villes ioinctes par vn pont de basteaux, se diuise luy mesme en deux branches, qui forment l'Isle de la Camargue, ou Caius Marius campa pour s'opposer aux Cimbres, qui cherchoient vn passage pour entrer dans l'Italie. *Camargue.*

De Paris, à Rion, Clermont & Brioude en Auuergne.

DE Paris l'on se rend à Dun le Roy suiuant la route que i'ay tracé cy deuant, qui est de 56. l. De Dun le Roy à Ainay le Chasteau il y a 3. l. de là à la Bruiere de Laubespin 4. l. iusques à Cosne 5. puis on laisse Sazareth à main gauche, & Mommerant à la droite, & on passe par Court, Chantelle, Ianzat, Gannat, Aigueperse & Auchy, & de là on se rend à Rion capitale du Duché d'Auuergne distante de Paris 88. lieuës. De Riom à *Rion.*

Clermont il ny en a que deux.

Clermont en Auvergne. Clermont, siege d'vne Euesque, dont l'Eglise Cathedrale, est couuerte de plomb, est vne ville fort ancienne, & iugée par quelques-vns pour la Gergobie de Cesar, puisque le Mont Gegoy, qui n'en est pas esloigné, est trop petit pour vne si grande ville, outre qu'on trouue aux enuirons des restes de murailles de ville, des medailles, des colomnes de marbre, & telles autres marques d'vne Antiquité venerable, comme les ouuertures du roc ou campoit ce sage Prince Romain, les voutes sousterraines, par lesquelles on peut aller plus d'vne lieuë sous terre auec des flambeaux allumez, & qui nous font iuger que c'est cette fameuse place, qui fut iugée imprenable à ce conquerant, qui ne trouuoit rien d'impossible à son courage, & ou la meilleure partie de ses Capitaines trouuerent leur tombeau.

Mont Ferrand. Montferrant à demye lieuë de Clermont, qui est aujourd'huy le Siege des Thresoriers generaux de la

DE LA FRANCE. 159

Prouince, n'eſtoit autrefois qu'vn Chaſteau, qui ayant eſté bruſlé par les François, ſous le regne de Philippe Auguſte, fut rebaſty ſur ſes ruines, & deuint vne bonne & grande ville, aſſiſe entre Clermont & Rians, qui ſe ioignent preſque toutes trois. On dit que le Mareſchal d'Effiat auoit eu deſſein de renfermer Clermont & Montferrant dans l'enceinte d'vne meſme muraille, & n'en faire qu'vne Ville, qu'il euſt nommé Clermont Ferrant.

Sortant de Clermont vous vous rendez à Vaire, & de la à Yſſoire ſur la Couſſe, & enfin à Brioude ſur l'Allier, qui porte vn pont merueilleux, pour n'auoir qu'vne ſeule arcade.

Brioude.

Le voyageur pourra voir les Fontaines de pierre, prés de Clermont qui ſe petrifient viſiblement, & ou il s'eſt fait vn beau pont ſans aucun artifice, par le ſeul cours de l'eau, dont la couleur eſt trouble, & le gouſt reſſent le bitume. Il y en a vne autre prés de Montferrant, de laquelle decoule vne eſpece de poix ſi gluante, que les

Fontaine pierreuſe.

oyseaux qui viennent en hyuer pour y boire s'y prennent comme à des gluaux. Derriere S. Allyre dans le voisinage de Clermont, vne grosse source tarit à la cheute des sueilles de noyer, & reprend son cours, lors que les noyers commencent à pousser. Le Lac Pauen voisin de la ville de Besse est de telle nature, que si vous ietté vne pierre dedans au temps le plus serain & le plus calme, l'agitation qu'elle fait, excite vne grosse vapeur, qui se resoult en pluyes.

Le lac Pauen

De Paris, à S. Flour & à Rhodz.

LOrsqu'on est à Clermont distante de Paris 90 l. l'on prend le chemin d'Yssoire, qui est à 8. l. puis on se rend à S. Flour, qui en est à 6. sur le haut d'vn rocher. Autrefois ce n'estoit qu'vn simple bourg & vn Prieuré, qui depuis a esté changé en ville par l'affluence du peuple, & erigé en Euesché par l'authorité de Iean XXII. Mande Euesché, & capitale du Genodan

Saint Flour.

DE LA FRANCE.

Geuodan, en est esloignée de 5. l. & Rhodez de dix, de sorte qu'il y a cent quatorze lieuës de chemin à faire depuis la capitale du Royaume iusques à la capitale de Rouergue, ville ancienne, & le theatre de la fureur des guerres, pour auoir esté prise & reprise par les Goths, François & Sarrazins. Elle est assise sur vne colline, & entourée de montagnes, entre l'Aueyrou, & vn ruisseau assez grand, qui se rend dans l'Aueyrou. On la distingue en Cité & en Bourg. La Cité est à l'Euesque, & le Bourg au Comte. L'Eglise Cathedrale dediée à nostre Dame est fort belle, & le Clocher fort haut basty de briques, de figure octogone, plat au dessus, d'où vient le prouerbe de ceux du pays, clocher de Rhodez, cloché de Mande & Euesque d'Alby. Assez prez de là, l'on void la montagne de Cransac, qui brusle, lorsqu'il pleut, à cause de ses veines sulphurées, qui s'enflamment par l'eau du Ciel. Il y a aussi vne Cauerne, dite Bouche Roland, qui est si creuse, qu'on va sept liuës soubs

Mâde

Rodez

Cauerne

terre depuis Marsillac iusques à Rhodez.

De Paris à Nismes.

DE Paris à Montelimar, il y a plus de 130 lieuës, de là au Pont Saint Esprit vne, du Pont S. Esprit à Bagnols quatre, de Bagnols à Serignac six, de Serignac à Nismes trois.

Pont du S. Esprit Le Pont du S. Esprit est vne bonne ville auec vne forte Citadelle. Le pont esleué sur le Rosne passe pour vn des premiers de l'Europe, long de douze cent pieds & large de quinze, porté de vingt-deux arcades, soustenuës d'autant de gros pilliers percez artistement, pour donner vn cours plus libre aux flots du Rosne. Au reste il y a du danger à passer sous ce pont, & ceux qui descendent le long du Rhosne, font beaucoup mieux de prendre le chemin de terre.

Nismes. Nismes la seconde Rome des Gaules, fut bastie à ce qu'on tient par vn fils d'Hercule, & peuplée des plus vaillans soldats d'Auguste, apres qu'il eut conquis l'Egypte, enrichie & cultiuée par les autres Empereurs, qui en firent à bon droit vne seconde Rome, puis qu'elle a sept collines, auec tant de rares antiquitez, tant de superbes bastimens, tant de ponts, fontaines, aqueducts, sepulchres, voutes, careaux pauez à la Mosaïque, son Amphiteatre de figure ouale, contenant 170. pas de circuit, & 63. arcades. son Capitole, que ceux du pays nomment Capduel. Le Temple de Diane ou de Veste hors de la ville. La Tour-Magne. La Fontaine voisine grande comme vn Lac, auec tant d'autres raretez que la fureur des Goths, quoy qu'ennemie de la gloire Romaine, qui la prirent & posederent assez long temps, la rage des Sarrazins qui la saccagerent, les flammes d'Attilla qui la bruslerent, la iuste cholere de Charle-Martel qui la ruina, & l'impieté des Protestans, auec toutes les iniures du temps, de l'air, & des guerres, n'ont peu entieument la destruire.

De Nismes à Vsseau 2. l d'Vsseau à

Son Amphiteatre.

Lunel 2.l. de Lunel à Aiguemortes 2.l.

Aiguemorte Aiguemortes est vne place bastie & peuplée de citoyens Romains par Marius, lors qu'il faisoit la guerre en Prouence, qui fut nommée de son nom les Fosses de Marius, pource qu'il y auoit fait fossoyer & retrancher son camp, & rendu ce canal, qui d'ailleurs estoit plein de vase & de limon, capable de porter des batteaux pour la commodité de son armée. Nos François l'ont depuis nommée Aiguemortes, à cause que les eaux d'vne des branches du Rhosne, croupissantes dans les murests y sont comme mortes.

De Paris, à Montpellier.

DE Paris à Nismes le chemin est enuiron de cent quarante huict l. & de Nismes à Montpellier de huict; en passant par Yseau, Lunel sur la Veriobie, qui se va perdre dans le grand estang de Lates, à l'embboucheure du Lez, prez lequel la ville de Montpellier est bastie sur la somme d'vne montagne. Les vns l'ont prise pour l'Agathopolis de Pline, c'est à dire la ville des gens de biens, ou la ville abõdante en biens & en commoditez, à cause de la douce temperature de l'air, de la fertilité de la terre, de la beauté du pays, & de la courtoisie des habitans, qui ont obligé les Medecins de la choisir pour la premiere escole de leur faculté, laquelle a esté honnorée d'vn College particulier que Vrbain V. natif de mende en Languedoc y fonda, & merueilleusement accreuë par les Sarrazins, qui estans presque tous Arabes & Disciples d'Auincenne, d'Auerroes, & de ces autres fameux Medecins d'Afrique, luy communiquerent beaucoup de secrets, qu'ils auoient receus de leurs Maistres. Aussi les plantes Medicinales y viennent admirablement bien & particulieremẽt dans le iardin Royal, qui est hors de la ville, où l'on peut voir au naturel, ce qu'on ne void ailleurs, qu'en peinture, à sçauoir plus de douze mille sortes de simples, cha-

Montpellier

Medecins de Montpellier

cune en son carré auec son escriteau.

Les autres estiment qu'elle est beaucoup plus moderne, & qu'elle a tiré son nom de Montpellier du lieu de son assiete, que les Latins appelloient *Montem Pellium*, ou plustost des filles, qui s'y font remarquer par leur gentillesse & bonne grace d'où vient qu'elle est nommée *Mons Puellarum*, le Mont des Pucelles. En effet elle n'est point ville ancienne, & qu'elles que puissent auoir esté les villes de Maguelone & de Sustantion, où les Euesques du Diocese auoient autrefois leur siege, & leurs tombeaux qu'ō voit encore à present dans l'Eglise, qui est entre la mer & l'estang de Lates dans vne Isle, qui auoit vn port nommé Sarrazin, ils n'y furent iamais si honorablement, qu'à Montpellier.

Ma-guelonne.

Les curiositez de la ville, dignes d'estre considerées par nostre voyageur sont le Palais, la Citadelle, le Bureau des Tresoriers, l'Echo du iardin du Roy, dans la pointe de deux angles,

Echo.

qui renuoye les paroles de l'vn à l'autre sans estre entenduës au milieu.

De Paris, à Alby.

DE Paris il faut se rendre à Bourges capitale du Berry, qui en est esloignée de 50. l. De Bourges l'on en compte 6. iusques à Yssodun la seconde ville du pays de Berry, & l'vne des vingt, qui furent reduites en cendres en vn seul iour par les anciens Gaulois pour affamer l'armée de Cesar. Elle est forte, bien murée, & defenduë d'vn bon chasteau, enuironné de fossez profonds, remplis des eaux de la riuiere *Theo*, conduits par vn canal detaché de son lict. *Yssodũ*

D'Yssodun à Chartier il y a cinq l. ou enuiron, qui est le chemin qu'on doit tenir pour de la se rendre à Chastres, sous laquelle passe l'Indre ville assez grande & peuplée, qui n'est qu'à vne lieuë & demye d'Yssodun. *Chastres.*

De Chastre l'on continuë son voyage par nostre Dame de Lazenay, l'on

L iiij

entre dans le Limosin à Benay, de là l'on peut aller iusques à Feletin dans la haute Marche, ville marchande; de Feletin à Bolles Enseignes, puis à Neuy, Esteron, Espontour, Ville-franche de Rouergue, & enfin à Alby, capitale de l'Albigeois, ville fort ancienne, & Euesché grandement riche, assise sur le Tarn. L'histoire des Albigeois, qui infecterent autrefois le Languedoc, & furent enfin chassez par Simon de Mont-fort est assez celebre, pour n'estre point cachée à la connoissance des Estrangers, qui considereront le lieu de leur naissance & de leur mort. Cesar nomme cette ville le pays des Heluiens, & Ptolomée mesme en parle sous le nom des Elicociens.

Fele-tin.
Alby.

D'Alby iusques à Beziers il y a 21. l. par Ville-Franche d'Albigeois, Saint Seuerine de Rouergue, Millaut, Vabre Euesché, & Clermont en Languedoc, sur Lergue.

Beziers est vne ville ancienne, la colonie des Soldats Romains de la septiesme Legion, qui luy donnerent le nom de *Septimania*, & l'embellirent de plusieurs bastimens, dont on void encore les ruynes, qui font paresstre, que c'estoit Amphiteatre pour le combat des Gladiateurs & des bestes. L'Eglise Cathedrale dedié à S. Nazaire est tres-belle, & proportionnée en perfection au bastiment de l'Euesché, qui a vne veuë tres-agreable sur les campagnes voisines chargées de bleds & de fruits, le seiour le plus delicieux de la France.

Beziers.

De Paris, à Aleth, & Carcassonne.

CEux qui veulent voir Aleth sur l'Aude, au pied des Pyrenées, renfermée dans la Comté de Resez & ornée d'vn Euesché, qui estoit autrefois à Limoux, se rendent de Paris à Ville Franche d'Alban, suiuant le chemin, que i'ay marqué au voyage d'Alby; ou l'on conte 114. l. De Ville-Franche, à Castres Euesché 3. à S. Papoul Euesché 4. à Carcassonne 3.

Aleth

DESCRIPTION

Carcas-sonne — Carcassonne est vne ville ancienne des Tectosages, diuisée en deux parties, Ville & Cité, qui sont separées par les murailles, par des Loix & coustumes differentes, & par la riuiere d'Aude, couuerte d'vn beau Pont. La ville est au bas le long de la riuiere, bien bastie, les ruës droites, auec vne place carrée au milieu, de laquelle on void les quatre portes de la ville reuestuës de bastions, & entourées de fortes murailles comme estant vne place d'importance, à cause de la frontiere. La Cité est esleuée sur la colline auec vn fort chasteau. On y void dans les Archiues publics des Actes tres-anciens, & d'vne escriture bien differente de la nostre sur des escorces d'arbre, sur du linge & sur d'autres matieres. L'Euesque y fait sa residence, auec la Iustice & le Viguier.

Limoux — A deux lieuës & demie de Carcassonne l'on passe par Limoux, auant que d'arriuer à Aleth, qui n'en est esloignée que d'vne heure de chemin. C'est vne autre ville agreable sur les riuages de l'Aude, laquelle a esté priuée de l'absence de son Euesque, residant à present à Aleth mais considerée des Princes, comme vn des principaux sieges Royaux de la contrée, & auantagée des faueurs de la Nature, qui luy a preparé des bains salutaires pour la santé des malades au pied de ses montagnes.

De Paris, à Tolose.

L'On peut aller tout droit iusques à Ville-Franche de Rouergue, suiuant le grand chemin d'Alby; & de la passer par Gaillac où croissent les bons vins, par Isle, par Rapestan, Buset, & Castelmol, faisant en tout cent dix-huict lieuës iusques à Tholose. [Gaillac.]

Mais vn autre chemin beaucoup plus agreable, bien qu'il soit plus long est de prendre le grand chemin d'Orleans, qui est de 34. De là à Oliuet, 1. à la Ferté S. Aubin 4. à Chaumont 3. à Chasteau-Vieux 2. à Millancey 3. à Remorentin Ville marchande, 2. à

Ville-Franche 2. à Dun le Potier 3. à Gracay, Ville & Baronnie ancienne 2. à Vatan 2. au Bourg de Dorls. 4. à Chasteau Roux ancien Duché, & & possedée par Monsieur le Prince 1. à Bussiere 3. à Argenton 2. d'où le Seigneur de Comines l'Escriuain de Charles VII. estoit Baron, de la 3. Monet de Portou, 2. Arnac 3. Moraret 3. Crozeilles 3. Beaune 1. & Limoges 1. qui est la Capitale du Limosin, ville marchande & populaire, mais salle & mal bastie; car les bastimens n'y sont que de bois & de terre. Elle est diuisée en ville & en Cité sur les bords de la vienne. Le Presidial, & l'Abbaye de S. Martial Apostre de la Guyenne auec son tombeau sont dans la ville; L'Eglise Cathedrale dedié à S. Estienne & l'Euesché sont dans la Cité. L'vne & l'autre est arrousée de plusieurs belles fontaines, dont la plus considerable est celle d'Egoleine, qui fait deux estangs, lesquels on ouure toutes les semaines pour nettoyer les ruës, qui seroient extremement vilaines & infectes sans cette commo-

Limoges.

Fontaines.

dité. Les vices, dont on blafme les Limofins, feroient à mon iugement des vertus confiderables dans vne autre nation. Les hommes font mefnagers, prudens, laborieux, addonnez au trafic, ayans des correfpondances prefque par toute l'Europe; & les femmes deuotieufes, modeftes, chaftes & belles, fans autres ornemens que ceux de la nature. Car elles font veftuës fi grotefquement, que la fimple reprefentation de leurs coëffures, robes, colets, demarches, poftures, contenances & affiquets feroit plus diuertiffante fur vn Theatre, que toutes les mines eftudieés de l'Hoftel de Bourgogne.

De Limoges à Pierre Buffiere, qui eft vn grand bourg, l'on conte 3.l. De Pierre Buffiere à Magnac vne, & de là à Vzerche trois. C'eft vn prouerbe des gens du pays, que qui a vne maifon à Vzerche, à vn Chafteau en Limofin, à caufe que cette ville belle & temperée, affife fur la Vezere, eft imprenable. La commune opinion eft que Pepin allant pour combattre Gai-

Vzerche.

fer Duc de Guyenne la fit baftir, & la fortifia de dix-huict tours, dont l'vne eft encore appellée la Tour de Leocaire, pource que ce Prince y fit trancher la tefte à Leocaire Maire de fon Palais. L'Abbaye baftie dans fon enceinte conferue comme vn precieux threfor la nape, fur laquelle noftre Seigneur fit la Cene auec fes Apoftres; & les habitans fe peuuent glorifier d'auoir efté toufiours fidelles à la Couronne de France nonobftant l'authorité de l'Anglois en Guyenne, & d'auoir fouftenu glorieufement vn Siege de fept ans, & laffé toutes les forces d'Angleterre.

Briue laGaillarde. D'Vzerche on va à Briue la Gaillarde diftante d'vne lieuë, laquelle a efté ainfi furnommée, tant pour l'humeur des habitans, que pour la beauté du pays. Elle receut autrefois Gondebaud fils naturel de Clotaire I. le proclama Roy de France, & le porta fur vn bouclier autour de fon armée, felon l'vfage du temps.

De Briue à Cahors il y a douze l. par Souillac, Gourdon, Frecinet, le

Verp & Pellequois.

Cahors est la ville capitale du Quercy, dont l'Euesque est Seigneur, Spirituel & Temporel, & celebrant la Messe pontificalement a sur l'Autel son casque auec sa Mitre, son espée & ses gantelets auec la Croix & la Crosse, pour marque de son double pouuoir. Il y a vne vniuersité fort ancienne, à laquelle l'Eglise de Rome est obligé, comme aussi à la ville de la naissance & de l'instruction du Pape Iean XXII. Les masures qu'on y voit d'vn Amphiteatre, d'vne forme d'Estuues & de quelques Aqueducts sont des preuues de l'estime, qu'en faisoient les Romains. Hors de la Ville est vne grosse source d'eau, qu'on nomme la Fontaine des Chartreux, & que plusieurs hommes doctes estiment estre la Diuone d'Ausone. Cette ville est sur la riuiere de Lot, esleuée sur vne colline taillée en forme de Theatre, qui la fait paroistre comme vn œuf.

Cahors.

S'ortant de Cahors vous allez à Negrepelisse assez connuë en France par

Negrepelisse

la resistance qu'elle fit aux armes du defunt Roy Louys XIII. & par le funeste chastiment qu'elle receut de sa desobeyssance, lors qu'elle fut reduite en cendres.

De Negrepelisse il y a trois lieuës & demie iusques à Montauban, en pareille distance qu'il y a de Negrepelisse à Cahors.

Montauban, bien qu'elle ne soit pas ville ancienne, a neantmoins donné de la ialousie ou de la peine à tous les partis qui se sont formés en France depuis sa naissance. Son assiete est sur vne colline eminente, dont le pied est arrousé de la riuiere du Tarn. Elle est diuisée en trois, Sçauoir la vieille Ville, qui est sur le bord de la riuiere; la nouuelle du costé de Cahors; & Ville-Bourbon, qui se ioint à la vieille ville par vn beau pont s'estant ainsi aggrandie & peuplée en fort peu de temps pour les auantages de sa situation, qui est sur le grand chemin de Tolose à Limoges & à Paris, & pour la commodité du commerce, fauorisé par le moyen du Tarn,

Montauban

Tarn, qui prenant sa source des Ceuennes & receuant l'Aueirou, trauerse le Rouergue, costoye le Perigord, arrouse le Quercy, & porte les richesses de plusieurs grandes Prouinces dans le sein de la Garonne. Enfin celle qui n'auoit peu estre vaincuë par les armes, se soumit par la paix aux volontez de son Roy l'an 1629. dont elle auoit soustenu la presence & le siege huit ans auparauant. Il y a vne belle Fontaine à dix Tuyaux nommée le Grifon.

Siege.

Tolose Capitale du Languedoc est merueilleuse en toutes choses. L'antiquité de la Ville, qu'on tient auoir esté bastie du temps de Debora, & les prouesses de ces vieux Tectosages, qui porterent leurs armes iusques en Asie, & firent la guerre aux Dieux de la Grece, sont vne partie de l'histoire des Gaules. L'or Tholosain fatal à quiconque le possedoit, iustifie les vangeances du Ciel sur les impies. Les glorieuses marques de la somptuosité Romaine tesmoignent en quelle reputation estoit Tolose, parmy ces

Tolose

Son Antiquité.

M

Conquerans, qui non seulemēt l'embellirent d'vn Amphiteatre, mais encore d'vn Capitole, priuilege si peu commun dans les Prouinces, qu'il ne se trouue point qu'ils en ayent fait bastir, qu'en trois villes, Tolose Narbonne & Carthage la neufue. Ce nom de Languedoc, cōme qui diroit Langue de Goth, est vn reste de la Monarchie des Visigoths, qui auoient estably leur siege à Tolose. Les corps des Saincts, qu'elle possede & entre autres de six Apostres, qui sont dans l'Eglise de S. Seuerin, luy ont acquis le nom de Saincte; comme son Parlement celuy de Iuste, & son ancienne & fameuse Vniuersité celuy de Docte. Son pont sur la Garonne est vne des merueilles du Royaume. Son Eglise Cathedrale est magnifique. L'Eglise des Cordeliers prodigieuses pour ce qui s'y passe dans vne caue, ou les corps ne se corrompent point, & conseruent apres leur mort la mesme posture & la mesme integrité que s'ils estoient encore viuans. Son Hostel de Ville, on l'on void Louys Dauphin, fils de

Capitole.

Eglise des Cordeliers de Tolose.

Charles VII. qui porte en trousse la Reyne sa mere entrant à Tolose auec le Roy son Pere, l'artifice des miracles du Moulin du Basacle, & les ieux Floraux ou l'Aglantine, institués par Dame Clemence sont a remarquer. *Bastcle.*

Muret est à trois lieuës de Tolose, pareillement sur la Garonne, ou fut donnée cette sanglante bataille, en laquelle les Comtes de Tolose, de Foix & de Cominge furent defaits, & le Roy d'Arragon tué auec vingt mille de ses Soldats par Simon de Montfort, qui n'auoit pas quinze cens hommes, contre cent mille heretiques, qui ne purent tuer, qu'vn seul homme d'armes, & huict soldats du petit nombre des Catholiques. Ce qui arriua l'an 1213. *Muret* *Bataille de Muret*

De Muret à Pamiers ville Episcopale il y a 4.l. & de la à Foix ville Capitale qui donne le nom & le tiltre à la Comté 2. c'est dans cette Comté qu'on void la Fontaine prodigieuse de Belestat, qui coule & tarit à chacune demie heure. *Foix.* *Fontaine de Belestat.*

M ij

Conserans ville ancienne, & siege Episcopal sur la riuiere de Salat, est à six l. de Foix, Rieux Euesché à 2. de Muret S. Bertrand de Cominge sur la caue, ville aussi Episcopale à sept l. de Muret. Samathan ville forte bastie sur vn haut rocher, pres le Saue dont les fossez sont autant de precipices, qui font mesme pasir ceux, qui en considerent la profondeur, est à 5. l. de Tolose, & Lombez ville Episcopale à sept.

Samathan
Lombez

De Paris, à Agen & Ausch.

Agen

AGen Capitale de l'Agenois bastie dans la plaine au pied d'vne montagne sur les bords de la Garonne au pays le plus fertil & le plus delicieux de la Guyenne, est esloignée de Paris d'enuiron 157. lieuës, on y monstre la maison de Iul. Cæs. Scaliger, ou nasquit Ioseph Scaliger son fils.

Le chemin est de se rendre à Limomoges, & puis de passer par les villages de Betou, Nouaille, Toruetac, Ayac, Bonneual, Ruffignac, Fumel, Montflanquin, Ste. Radegonde, Ville Neufue d'Agenois, Nostre Dame de Garemaz, & le Caulet.

Neantmoins vn voyageur qui desire pluſtoſt de voir les beaux lieux, que d'accourcir ſon chemin, partant de Limoges, apres auoir paſſé à Neſou, qui en eſt à 4. l. fort petites, & à Fargues, qui eſt a deux lieuës de là, ſe rendra dans la ville de Tiuiers, par des foreſts & par vn pays inculte durant quatre grandes lieuës, & à quatre autres lieuës de là il rencontrera Perigueux la Ville Capitale du Perigord aſſiſe ſur la riuiere de l'Iſle, qu'on y paſſe ſur vn beau pont.

Perigueux

Elle eſt diuiſée en ville & Cité, ſeparée l'vne de l'autre enuiron de 150 pas. La Cité eſt baſtie ſur les ruynes de l'ancienne, ou l'Eueſque à ſon Palais & ſon Egliſe Cathedrale, qui fut demolie pendant les guerres ciuiles. Les reſtes d'vn Amphiteatre, la Tour de Veſune, ou de Vetius, auec

Veſune

quelques voutes & colomnes & les tranchées du Camp des Romains sur vne de ses montagnes sont des preuues de son antiquité. Cette Tour est ronde & a des murailles espaisses de sept pieds, & hautes de cent, basties de certaines petites pierres si bien liées, qu'on n'en sçauroit detacher vne. Elle n'a ny porte ny fenestre pour receuoir le iour; on y entre par deux grottes sous terre, & le dehors du bastiment estoit tout couuert de grãds clouds, d'où les Payens suspendoient leurs Idoles. L'opinion commune est, que c'estoit vn Temple dedié aux mysteres de Vetius.

De Perigueux on va droit à Montensier, dont le chemin est de 3. l & autant de la à Mucidan, qui vit ses murailles renuersées à coups de canon pendant les guerres Ciuiles de l'année 1569.

Libourne. Coutras. A trois lieuës de la encore est Montpont, petit lieu; d'où il reste six autres lieuës iusques à Libourne belle ville assise sur la Dordogne. Au dessus de Libourne est Coutras, où se donna la sanglante bataille de l'an 1587. entre les Catholiques & les Religionaires; & vn peu au deſſous le Chaſteau de Fronſac, qu'on tient auoir eſté baſty par Charlemagne pour faire teſte aux Sarrazins, & qui a eſté demoly depuis quelques années. De ces deux lieux ioints enſemble defunt Monſieur le Cardinal de Richelieu a fait vne terre & Duché de 25000. liures de rente. *Fronſac.*

De Libourne il n'y a que cinq lieuës iuſques à Bourdeaux. De Bourdeaux vous pouuez prendre la Garonne au reflux de la mer, qui vous conduira pendant ſept l. iuſques à S. Macaire, petite ville, deux lieuës au deſſus du ſuperbe chaſteau de Cadillac baſty par le feu Duc d'Eſpernon. *Cadillac.*

De S. Macaire vous allez 2. l. le long du riuage à la Reolle petite ville, qui a donné autrefois de l'exercice aux Anglois. De la Reolle 3. l. iuſques à Marmande petite ville. De Marmande 3. l. iuſques à Tonneins diuiſées en trois villes, qui furent demolies, & bruſlées entierement l'an 1622. pour ſa rebellion. De Tonneins à Eſ- *Tonneins. Eſguillou.*

M iiij

guillon sur l'emboucheure du Lot, vne ; d'Esguillon au Port de Saincte Marie vne, & de la iusques à Agen, deux, les plus grandes de France.

Partant d'Agen, il reste huict l. iusques à Ausch, à sçauoir 4. l. iusques à Beaumont, & de là à Mirande 2. l. *Ausch* & deux autres iusques à Ausch, vne des anciennes colonies de l'Empire Romain, la plus riche Archeuesché de France, & la capitale de l'Armagnac, où est l'Eglise Cathedrale dediée à Nostre Dame, qui passe pour vne des somptueuse & magnifiques de l'Europe. Les habitans de cette ville estoient nommez anciennement par *Nouēpopulance.* les Latins *Nouempopulari*, pour le commandement qu'ils auoient sur neuf peuples de l'Aquitaine, à sçauoir sur ceux de Cominges, Coserans, Lectoure, Tarbe, Aire, Basas, Dax, Bayonne, Lescar auec Oleron.

Tarbe est à sept lieuës d'Ausch, la Capitale de la Bigorre, assise sur la riuiere d'Adour, laquelle se partage en quatre ou cinq canaux, qui la diuisent aussi en autant de parties.

De Paris, à Bagniere & à Pau.

BAgniere est vne ville assez connuë aux malades, qui vont y chercher la santé dans ses bains chauds, renommés mesme dés le temps des Romains, qui nommerent le lieu *Vicum Aquensen*, le Bourg des eaux, & l'embellirent de plusieurs ornemens, dont on a souuent trouué des marques dans les ruines des bastimens, auec des pieces d'or, & des medailles, qui portoient l'image des Cesars. Il y a deux fontaines, l'vne chaude, l'autre froide.

Bagniere

Ceux qui voudront y aller de Paris prendre les eaux, se rendront à Tarbe, par le chemin que i'ay tracé au voyage precedent, laquelle n'en est qu'à 3. l. & pareillement Pau à 3. de Bagniere.

Tarbe

Pau le Siege du Parlement de Bearn se glorifie de son Chasteau, dans lequel Henry IV. le plus grand

Roy du monde prit naissance, de son parc, de son iardin, & de ses allées superbes, que l'absence des Princes la negligence des Gouuerneurs, & les iniures du temps ont ruynées.

Pau en Bearn

De Paris à Lectoure.

IL y a de Paris à Agen enuiron cent sept ou huict lieuës, & puis d'Agen à Lectoure 6. l.

Lectoure est vne ville Episcopale, assise sur vn rocher, & si bien sossoyée, retranchée & flanquée de bouleuards, qu'on la iugeoit imprenable, auant que le Roy Louys XI. l'eust gaignée sur le Comte d'Armagnac, qui perdit la vie à sa defense. Elle est assez esloignée de la Garonne, mais il y a vne fontaine dans la place publique auec quatre-vingt puits, qui luy fournissent suffisamment de l'eau pour les vsages de la paix & de la guerre. Les habitans se seruans des liberalités de la nature, qui a fauorisé leur pays des douceurs de la terre & de l'air, viuent

Lectoure

presque tous de leurs reuenus, sans exercer aucun art mechanique, & ont dans leur courage & dans leurs façons de viure ie ne scay qu'elle majesté, qui ressent le naturel des Romains, qui la firent bastir dans vn roc par le commandement de Pompée, au temps qu'il fut seul Censul, sans collegue, comme on l'apprend d'vne ancienne inscription & de deux testes de pierre, qui sont à la porte du Bouleuart.

De Paris, à Nerac & Condom.

IL faut venir à Ville-Neufue d'Agenois par le chemin que i'ay cy deuant enseigné au voyage d'Agen; & de la au Port de Ste. Marie ou l'on conte 4. l. & puis à Nerac 3. l. & de Nerac à Condom 2. l.

Nerac capitale de la Duché d'Albret, fut choisie par les Sires d'Albret, pour leur seiour ordinaire, laquelle ils enrichirent par leur presence, & la fortifierent d'vn bon chasteau, où le

Nerac

Grand Henry planta de sa main des Cyprés dans les iardins & ou il passa vne partie de ses dures années, & faire son essay de patience & de courage, auant que sa vertu l'eust porté sur le throsne, que sa vertu luy auoit preparé. La riuiere de Baise la diuise en deux, le grand & le petit Nerac, qui sont ioints ensemble par deux ponts. C'estoit le siege de la Chambre de l'Edit, auant qu'elle se fust engagée dans la reuolte des autres villes de la Guyenne, qui suiuoient le party des Errans.

Condon. Condom ville Episcopale assise sur la Baise, & siege Presidial, dans vn des meilleurs terroirs de la Guyenne abondant en bleds & en vins.

De Paris, à Perigueux & Miraumont.

Perigord. I'Ay desia monstré le chemin de Perigueux au voyage d'Agen, ou i'ay pareillement rapporté ce qu'il y a de plus remarquable dans cette ville capitale de Perigord. J'adiouste-ray seulement, que le pays a des choses fort curieuses, comme le ruisseau, qui coule prés de Marsan, lequel a son flux & reflux, l'eau prodigieuse de l'Indre, vne fontaine renfermée dans vne tour, qui fait moudre deux beaux moulins au retour qu'elle fait prez de sa source, & la cauerne, qu'on nomme le Cluseau, prés de Miraumont, laquelle va cinq ou six lieuës sous terre, ou l'on void des sales & & chambres pauées à la Mosaïque, des Autels & des peintures, des fontaines & des fleuues. Il y en a vn dont le canal est large de cent ou six vingts pieds, & fort rapide. On void au dela vne plaine fort longue & large, ou nul n'a encore osé passer.

Miraumont.

De Paris à Blois, Amboise, Chasteleraud, Poictiers & Engoulesme.

DE Paris on se rend à Orleans, de là on passe par S. Mesmin, par Clery, lieu assez renommé pour la deuotion que le Roy Louys XI. portoit à nostre Dame de Clery, on laisse à main droite Baugency sur Loire, lieu tres-agreable pour les diuertissemens de la chasse & tres riche pour l'abondance des bleds & des vins, qui s'y recueillent. On va de là à S. Laurent des eaux, & puis à Blois esloigné d'Orleans de dix lieuës: & en suiuant le cours du Loire vous arriuez à Amboise, qui n'en est distante que de six. Vous laissez à costé la maison Royale de Chambord, capable pour sa grandeur de loger tous les Princes de l'Europe, & que pour l'excellence de son Architecture surpasse tous les ouurages anciens & modernes. Elle fut commencée par le Roy François I. à son retour d'Espagne, & ne put estre

Clery

Baugency.

Chambord.

acheuée, quoyque dix-huict cens ouuriers y eussent trauaillé pendāt douze ans. Son escalier est de deux cens soixante & quatorze degrez, & si large que ceux qui montent par les deux extremitez des marches, peuuent parler ensemble sans se voir, par vn merueilleux artifice, qui dérobe vn costé à l'autre. Ses iardins, ses allées & ses ormeaux ne cedent en rien à ceux des Roys de Perse, si hautement vantez.

Pour la ville de Blois capitale de la Beausse, le grenier de la France, le pays de la courtoisie, le berçeau des enfans de France, & le seiour ordinaire de plusieurs de nos Roys, d'ou vient qu'on la nomme la ville aux Roys, est assise sur vn des bords du Loire, & iointe à vn faux-bourg par vn beau pont de pierre. Son chasteau, ses aqueducts, & le village d'Orcheze à deux lieuës de la ville, qu'on tient auoir esté le grenier de Cesar, meritent d'estre veus. *Blois.*

Amboise pareillement est sur vn des bords du Loire, auec vn beau pont souftenu de quatorze arches de pierre, & des moulins enchaffés dans la ftructure des voutes & des piliers, auec tant d'artifice, qu'on diroit que c'eft vne Ifle. Son chafteau, où deceda Charles VIII. eft autant fort, que la ville eft agreable.

Vn voyageur curieux pourra vifiter dans l'interualle de ces deux villes, le chafteau de Buffi, & le lieu d'où l'on tire la terre fellée; Vendofme auec fon chafteau & le Lac plein durant fept ans, & fec durant autant de temps, d'où les habitans du pays iugẽt & reconnoiffent la fertilité des années fuiuantes, Chafteaudun, capitale du Comté du Dunois.

Cha-fteleraud. Partant d'Amboife vous paffez à Bleray, Mantelan, le Port de Piles, Ingrande petite ville, à vne lieuë de Chafteleraud fur la Vienne, qui eft vne ville affez mal baftie quoy qu'elle porte le tiltre de Duché, auec vn pont fuperbe, compofé de neuf arches, long de cent pas & large de foixante fix, à 11. ou 12. lieues d'Amboife.

En

En suite à sept li. de Chasteleraud vous rencontrez Poitiers sur le Clain, capitale du Poictou, si vaste en son enceinte, qu'il n'en est point de plus grande en France apres Paris, & si champestre, que l'Empereur Charles V. la nommoit vn grand village, comme il appelloit Tours le iardin, la Rochefoucaud la maison, Orleans la ville, & Paris le grand monde de France. Elle est enuironnée presque de tous costés de rochers de la riuiere & des marests, illustrée d'vne grande Euesché, ornée d'vne ancienne & fameuse Vniuersité, & auantagée d'vn siege Presidial, dont les Conseillers portent la robbe rouge, comme ceux des Parlemens. La sale du Palais merite d'estre visitée pour sa grandeur, dont le Lambris n'est soustenu d'aucun pilier. On y void la dépoüille d'vn Lezard prodigieux. Ses Eglises sont anciennes principalement la Cathedrale dediée à S. Pierre, la Collegiale de nostre Dame, & celle de S. Hilaire, dont le Roy prend le tiltre d'Abbé. Rabelais a autrefois

Poictiers.

Palais de Poictiers.

raillé sur la pierre qu'on nomme le-uée hors de la ville, qui a 60. pieds de tour, & sur le Passe-Lourdin, qui est vn passage estroit pratiqué dans le roc sur le bord d'vn precipice.

De Poictiers on va passer à Viuonne petite ville à 4. l. de Poictiers, de là à Chaunay 4. l. à Maison Blanche 4. l. à Ruffec 4. à Manle 4. à Pont de Touure 3. & puis on se rend en deux heures de chemin à Engoulesme.

C'est la capitale de l'Angoumois, bastie sur le sommet d'vne montagne, qui fait comme vn coing d'vne longue plaine esleuée & estenduë entre les riuieres d'Anguienne & de Charente, qui se rencontrent à vn des bouts de la ville. Elle n'est accessible que d'vn costé. Son chasteau n'est point à mespriser. La citadelle qu'on y auoit autrefois bastie est presque demolie. La Touure, qui se vient ioindre à la Charente, prés d'Engoulesme, n'est ny fontaine ny riuiere ny abysme, ny viuier, mais elle est tout cela. Elle a deux lieuës de long, elle est aussi enflée à son origine, qu'à son

Engoulesme.

La Touure.

DE LA FRANCE. 195

emboucheure, elle ne se preuaut iamais des eaux de la pluye, estant esgale en toutes les saisons de l'année, comme les fontaines viues, que iamais ne changent leurs bassins, elle n'a point de fond en source, & ses flots font en quelques endroit des moulinets semblables aux Syrtes de la mer d'Afrique, enfin elle est comme vn reseruoir, où il est defendu à tous les particuliers de pescher sans le congé du Prince, & on disoit autrefois d'elle, qu'elle estoit pauée de truites, lardée d'anguilles, bordée d'escreuisses, & couuerte de cygnes.

Coignac ville Royale sur la mesme riuiere de Charente, auec son fort chasteau, ou nasquit le Roy François I. est à 5. ou 6. l. d'Angoulesme, & à deux de Iarnac, où fut donnée la bataille de l'an 1569.

Coignac.

De Paris, à Xaintes, Bourdeaux & d'Acqs.

DE Paris à Poictiers il y a quelques 70. l. De Poictiers à Croutelles 1. l. à Colombiers 2. l. à Lusignan ville ancienne d'où sont sortis les Roys de Chypre & de Ierusalem, auec son fort chasteau, qui est à present demoly, fondé par la fameuse Melusine, 2. l. à S. Leger de Meslel 6. l. à Ville Dieu d'Aulnois, 3. à Aulnay 1. à Pailliers 1. à Veneran 4. à Xaintes 1.

Lusignan

Ceux qui ont visité Xaintes, capitale de la Xaintonge assise sur la Charente, auec la bonté de la terre, la douceur du climat & l'humeur des habitans, confessent que c'est le seiour des delices de la nature. Les autres qui considerent tant de restes de la somptuosité Romaine, les masures d'vn Amphiteatre, des aqueducts, des caues, vn Arc fort ancien esleué sur le pont de la Charente, auec la Tour de Mantrible, bastie de pierres sembla-

Xaintes.

bles aux Arenes de Nismes, & quelques lettres, que les temps ont effacées reconnoistront en qu'elle estime estoit cette ville parmy les Romains. Et ceux qui verront l'Eglise Cathedrale dediée à S. Pierre, & fondé par Charlemagne, de qui on voit la teste grauée sur les murailles auec vn Y. au dehors, pour marque que ce pieux Capitaine auoit fait bastir autant d'Eglises auant celle-cy, qu'il y a de lettre dans l'Alphabet deuant l'Y, reconnoistront que les sentimens de ce Prince estoient bien differens de ceux de nos Religionnaires, qui la demolirent entierement excepté la grosse tour du clocher l'an 1562.

Eglise bsties par Charlemagne.

Sortant de Xaintes vous arriuez à Pons, qui en est à quatre lieuës, ville bien bastie sur la riuiere de Seigne, qui la separe en deux, auec quantité de Pons, qui luy ont donné le nom. L'an 1621. les murailles & fortifications de la ville furent demolies, il ne resta que le chasteau, clos de fortes murailles espaisses de dix pieds, muny de 4. grosses tours & d'vn Donjon.

Pons.

N iij

A deux lieuës de Pons est Plassac,
Plas-sac. Chasteau appartenant au Duc d'Espernon, auec vn beau Parc : & à deux lieuës de là vous trouuez le petit Niord
Blaye. qui est à six lieuës de Blaye ville ancienne & forte, surnommée la Guerriere par Ausone, pource que de son temps elle estoit garnie de bons soldats, comme elle est encore à present, seruant de clef au Royaume, pour en fermer l'entrée à l'estranger. Les habitans du lieu disent que Roland neueu de Charlemagne en estoit natif & Seigneur, & qu'il fut inhumé dans l'Eglise de S. Romain auec son cor de chasse, & son espée Durandal.

A Blaye l'on s'embarque sur la Garonne pour aller à Bourdeaux par 7.
Bourg sur Seine. lieuës d'eau en costoyans Bourg, dit sur Mer, pour le distinguer de Bourg en Bresse, assis au confluent de la Garonne & de la Dordonne, lequel on peut voir auant que de passer le Bec d'Ambez. Il est à cinq lieuës de Bourdeaux.

La ville de Bourdeaux, le siege d'vn

Archeuefque, qui difpute de la Primatie auec celuy de Bourges, d'vn Parlement & d'vne Vniuerfité a pris son nom de Bourde, & de Gealo deux petites riuieres qui arroufent fes terres; outre lefquelles elle eft encore lauée de deux petits ruiffeaux, dont l'vn vient de Begle, & gaigne le canal de la riuiere au deffous du bouleuart de Ste. Croix, & l'autre fe partage en deux branches prés l'Hofpital S. André, apres auoir remply les canaux de ces grandes & fuperbes allées de la Chartreufe, l'ouurage du Cardinal de Sourdis, qui conuertit vn marais puant & contagieux en vn Paradis terreftre. *Bourdeaux*

Pour le regard de la ville, elle a changé de face, auffi bien que la Garonne de bornes. Son enceinte eftoit fort petite au temps que les Romains la poffedoient, qui l'ornerent de plufieurs fomptueux edifices, dont les Eftuues, l'Amphiteatre, que ceux du pays nomment le Palais Galiene, & les Piliers Tutele font des marques auguftes. Les Chafteaux du Ha ou *Palais Galiane.*

du Far au Couchant dans vn lieu marescageux, & celuy de Trompette sur le port sont des ouurages du Roy Charles VII. pour empescher les troubles de quelques seditieux attachés au party de l'Anglois, & repousser les vaisseaux ennemis. Le nom de Ha, auec l'assiete du chasteau, & la traditiõ de ceux du pays, tesmoignent que la riuiere montoit autrefois iusques-la, & que les vaisseaux y mouïlloient l'ancre. Le voyageur pourra visiter l'Hostel de Ville auec ses deux belles Tours, la maison de Puy-Paulin bastie comme vn Chasteau, de laquelle les anciens Comtes de Candale ont esté les possesseurs, les Eglises de S. André la Cathedrale, de S. Michel & de S. Seuerin hors des murailles,

Tombeaux miraculeux ou il verra au Cimetiere vn grand tombeau de pierre creux esleué sur quatre piliers, dans lequel l'eau croist ou diminuë selon le cours de la Lune.

Au sortir de Bourdeaux vous prenez la marée iusques à Langon, pendant six l. & de là vous marchés par les landes & sablons iusques à Dacqs, qui est esloigné enuiron de dix-huit lieuës, passant par Capsieux, la Trauerse, Roquehort petite ville, Mont de Marsan, Millas, & S. Seuer Capitale de la Chalosse sur la riuiere d'Adour. On y void les ruines d'vn vieux Chasteau, qu'on croid auoir serui d'Amphiteatre aux Romains. Aussi la iouste du Taureau, qui s'y fait tous les ans dans vne grande place, est comme vn reste de ces sanglantes courses, & l'humeur morguante des habitans est comme vne expression du naturel de ces anciens Gladiateurs.

Saint Seuer.

Dacqs, ou plustost Acqs est à deux l. de S. Seuer, assise sur les bords de la mesme riuiere, auec vn pont qui la couronne, comme le chef des Tarbelliers compris dans la Nouempopulacie. La terre n'y porte que des bruieres & des pins sauuages d'ou découle la poix & la resine. L'air est remply de grosses mousches, qui sont plus importunes aux voyageurs pendant l'esté, que les ardeurs bruslantes du Soleil & des sables. Le langage vous espouuante, & le pain du commun n'est fait

Dacqs

que de mil. Cela n'empesche pas neantmoins que Dacqs ne soit considerée pour son antiquité, pour ses fortifications, comme estant vne des clefs du Royaume, pour la fontaine salée qui coule pres de ses murailles, pour d'autres fontaines chaudes, ou les oyseaux quittent la plume, pour les bains salubres de Tarces, & pour cette fameuse grotte, dans laquelle sont trois tombeaux pleins d'eau quand la Lune est pleine, & vuides quand elle est basse, semblables à celuy du cimetiere de S. Seuerin à Bourdeaux, & de S. Trophime à Arles.

Fontaine chaudes & salées.

De Paris à Bayonne.

DE Paris à Bourdeaux il y a quelques six vingt l. De Bourdeaux au petit Bordeaux, à Belin 3. l. & en tout iusques à Bayonne, quelques 20. ou 21. lieuës. Cette ville forte & marchande vne des clefs de France est assise à la ionction de l'Adour & de la Nicle, & nous sert de rempart contre les attaques des Espagnols, qui l'ont souuent enuiée, & qui l'assiegerent au temps, que la Fortune & la Victoire sembloient estre à leurs gages, sans toutefois rien emporter que la honte, & leurs chariots chargés de morts ou de blessés.

De Paris à la Rochelle.

ON se rend droit à Poictiers 70. de Poictiers à Lusignan. 5. à S. Maixent ville marchande 6. à Niort 4. c'est vne ville assise sur la Seure, assez renommée parmy les Marchands pour ses Foires, & parmy les Historiens pour ses auantures dans les guerres de France & d'Angleterre, à la Neuoire, ou vous passez vn grand marest dans vn barc 8. l. il est vray, que ces Marests ont esté depuis peu desseichez par l'industrie de quelques Hollandois, à Touerson 2 l. à Niuaille 2. l. à la Rochelle 6. l. *Niort.*

La Rochelle capitale du pays d'Aulnis, assise sur vn Golphe de mer, n'est *La Rochelle.*

point ville ancienne, & n'a esté bastie qu'à l'occasion, & pour la commodité de son port. Elle est si bien pratiquée, qu'il estoit presque impossible d'en aprocher pour la battre, & d'ailleurs si regulierement fortifiée, qu'elle n'auoit point sa pareille en France, auant sa prise. Durant les derniers Ducs d'Aquitaine ce n'estoit qu'vne bourgade peuplée de pescheurs. Son nom marque assez le lieu de son assiete sur des rochers qui paroissans de loing sur la mer à cause de leur blancheur la firent nommer la Ville Blanche. Guillaume dernier Duc d'Aquitaine permit aux habitans de renfermer leur bourg de murailles, & sa fille Eleonor leur conceda plusieurs priuileges. Ces bienfaits l'attacherent si fort à l'Anglois, qu'elle fut des derniers à se soumettre à l'obeyssance des Roys de France, ausquels ils se sont presque tousiours opposez depuis François I. sous Charles IX. elle eust esté prise sans les trahisons de ceux qui fauorisoient les Religionnaires, ou depuis tranchans des sou-

Ses commencemens.

Ses reuoltes.

uerains, & traitans de pair auec leur Prince, ils attirerent sur eux les armes du Ciel & de la Terre, par les mains du feu Roy, qui s'en rendit le Maiſtre par vn ſiege memorable, où il fut en perſonne, & par vne Digue baſtie ſur le fond de la mer, laquelle donnera de l'eſtonnement à la poſterité, lors qu'elle lira la deſcription, qui en a eſté faite par les Autheurs du temps. Toutes ſes fortifications eſpouuantables ont eſté demolies excepté les deux tours de la Chaiſne & du Garot à l'êtrée du port, auec quelques murailles du coſté de la mer. Son Temple qui eſt de figure ouale, ſans aucun ſouſtien au milieu par vn ſingulier artifice, a eſté conuerty, comme vn autre Pantheon, à des ceremonies plus ſainctes, & l'Eueſché de Maillezay y a eſté transferé depuis peu.

Digue

On peut remarquer prés de la ville, l'art & l'induſtrie ſingulier de faire le ſel de l'eau de la mer, & viſiter les Iſles de Ré & d'Oleron, auec le port de Broüage.

Sel de la mer

De Paris, à Tours, Loudun, Marans.

DE Paris à Amboise 50. l. ou enuiron. A deux l. au dessous est le bourg Mont-Louys, dont les maisons sont toutes dans le roc, & à 3. l. de Mont-Louys, Tours sur le Loire, agreable pour son assiete, opulente par le commerce, & pour le trafic des soyes, incomparable pour la beauté du pays, & pour la fertilité des terres, glorieuse pour son Archeuesché, & illustre pour son antiquité, ayant autrefois possedé le tiltre d'amie & d'alliée du peuple Romain, & ses citoyens celuy de Senateurs de Rome.

Mont Louys
Tours

De Tours à Sauoniere 2. l. à Colombiere 1. l. au Port Hunault sur l'Indre 4. l. à la Belle Croix 1. l. & à Chinon sur la Vienne 3. l. Cette ville est remarquable par ses grands ponts de pierre, qu'on nomme de la Nonnain, soustenus d'vne infinité d'arcades inesgales, & chargées de Croix en

Chinõ

DE LA FRANCE. 207

plusieurs endroits, pour ce qu'on tient que ce fut vn esprit, qui en assit la premiere pierre, & acheua le dessein de l'Architect. Le lieu est agreable & charmans, aussi les habitans sont ils naturellement rieurs, & presque tous de l'humeur de Rabelais leur compatriote.

De Chinon à Lodun il n'y a que 3. l. à Moncontour ou se donna la sanglante bataille contre les Protestans 2. l. à S. Genereux 2. l. à Airuaux petite ville sur le Touya 1. l. à Parthenay ville agreable 4. l. à Coulonges 5. l. à Fontenay le Comte 3. l. Marans 3. l. *Moncontour.*

Fontenay le chef du bas Poictou, est vne petite ville assise sur la Vandée, dans vn bon pays, esgalement fertile en fruits & en bons esprits, par le moyen desquels elle a obligé les sciences, les Parlemens & l'Estat en la personne des grands hommes, qu'elle a produits, les Brissons, les Tiraqueaux, &c. *Fontenay le Comte*

Pour Lodun, qui a receu les premieres semences des palmes, que Iules Cesar a rapportées dans le Capi-

Lodun tole, a receu son nom du mesme Empereur, qui nomma le Chasteau, qu'il fit bastir *Iuliodunum*, la forteresse de Iulius. Les Protestans ont possedé long temps cette place, & il sembloit que les Elemens & les Saisons fussent de leur party, lors que le Duc d'Anjou, qui l'auoit assiegée pour le Roy Charles IX. son frere, fut contraint de se retirer des le quatriesme iour du siege, pour rechauffer ses troupes transies de froid. Les Diables de Lodun ont donné de l'exercice en nostre temps aux Religieuses possedées, aux Ecclesiastiques qui les exorcisoient, & à la curiosité des peuples, qui accouroient de tous les endroits de la France, pour contempler ce spectacle, des Esprits malins sous vn habit & dans des corps de pieté.

De Paris, à Luſſon & Talmont.

LVſſon, n'eſt qu'vn Bourg dans les mareſts ſur les bords de la mer au bas Poictou, ou il y a neantmoins vne Eueſché, auſſi bien qu'à Maillezay, toutes deux detachées de celle de Poictiers par Iean XXII. Pour y aller on ſe rend à Fontenay le Comte, qui n'en eſt eſloigné que de 6. l. *Luſſon*

Mais ceux qui veulent aller de Paris à Talmont ſe rendent à Lodun, duquel i'ay parlé cy deuant, & puis vont à Touars, ville & Duché au Duc de la Tremoille, qui eſt à 4. l. On void dans le Chaſteau vne des belles Chappelles de France baſtie & fondée par Gabriele de Bourbon femme du grand Louys de la Tremoille, vn des Cheualiers ſans reproche de cette illuſtre maiſon. *Touar*

Au ſortir de Touars, où les Eſtrangers s'arreſtent volontiers, on paſſe par Breſſuire petite ville à 5. l de là, ou il y a vn des beaux Clochers de *Breſſuire.*

O

France, par Pouzauge 6. l. par Chantaulnay 6. Changebert 2. l. Aurille 4. l.

Talmont. Talmont Principauté appartenante au mesme Duc de la Trimoille.

Roche sur Yon. Roche sur Yon, est vne autre Principauté voisine, de la maison de Montpensier.

De Paris, à Chartres & Vendosmes.

DE Paris au Bourg la Reine 1. l. au Pont Antony. 1. l. à Massi 1. l. à Palaiseau. 1. l. à S. Cler de Gournay 3. l. à Bonacle 2. à Rochefort 1. à S. Arnoul 1. à Ablis 2. au gué de Lorray 2. à Chartres 4. l.

Chartres. La ville de Chartres sur l'Eure dans la Beausse, est considerable pour l'antiquité de sa fondation, pour la commodité de son assiete, & pour la fertilité de ses terres, qui la rendent le Grenier de la France & la seconde Sicile de l'Europe. Elle estoit le lieu *Druydes.* où les Druydes, qui gouuernoient les Gaules, auant que Iule Cesar les eust conquises, tenoient leurs Parlemens & leurs Escoles. Les Comtes & les habitans de cette ville crurent par les instructions de ces Druides, qui auoiét leu, comme il est fort probable, les liures des Sibilles, qu'il n'aistroit vne Vierge, qui seroit la mere du Sauueur des hommes. On adiouste que Priscus Comte de Chartres sur cette opinion, fit faire vne image representant vne Vierge, qui portoit son enfant entre ses bras, & la mit au rang des Dieux. Et Geoffroy Comte de Montlehery luy fit bastir vn Temple en reconnoissance de la faueur qu'il pretendoit auoir receuë d'elle, par la Resurrection de son fils tombé mort dans vn puits. Ce que Cesar parlant de la Religion des Druydes appelle *Lucum Consecratum*, estoit le bocage ou ils auoient consacré vn Autel à la Vierge qui deuoit enfanter. Ils ne faut donc pas s'estonner si les Chartrains tesmoignerent puis apres tant de zele pour Iesus-Christ en la persecution du Proconsul Quirin, qui les fit precipiter dans vn Puits, qu'on nomme en-

Eglise de Chartres.

core à present le puits des Saincts forts, qui est dans la Chapelle sous terre de l'Eglise Cathedrale. Cette Eglise dediée à la Vierge est deseruie par 72. Chanoines instituez sur le modele des 72. Disciples. On y remarque ses deux clochers, comme les plus beaux, gros & hauts du Royaume.

De Chartres à Bonneual 5. l. à Chasteau-Dun capitale du Dunois 3. Elle est assise sur le Loir, & son chasteau fortifié d'vne grosse tour, auec vne Saincte Chapelle ou sont les tombeaux des Comtes, les Faux-bourgs sont plus grands & mieux bastis que la ville.

Chasteau-Dun.

De Chasteau-Dun à Vendosme 5. l. Cette ville capitale du Vendosmois, qui a veu naistre Ronsard le Prince des Poëtes François, à vn chasteau fort ancien, l'Abbaye de la Trinité fort celebre, dont l'Abbé porte le tiltre de Cardinal, & ce Lac prodigieux, qui est plein durant sept ans, & sec autant de temps.

De Paris, à Angers.

Lorsqu'on est arriué à Tours, on va au port de Sainct Cyr, qui sont 3. l. où l'on passe le Loir, à Langers petite ville 5. à la Chappelle-Blanche ou sont les bornes de la Touraine & de l'Anjou 5. l. à Donsay 3. l. à Ville-Bernier 2. l. & 3. l. à Saumur en Anjou sur Loire, vne des villes les plus accomplies, qui soient en France, pour la beauté de ses murailles, la proportion de ses Tours, l'agréement de ses edifices faits de pierre blanche, & couuerts d'ardoise, son pont qui est d'vne longueur extraordinaire, son chast eau au sommet de la montagne, ses Faux-bourgs au deça & au delà de la riuiere, qui valent de bonnes villes & particulierement pour les miracles, qui s'operent incessamment dans la Chappelle de nostre Dame des Ardilliers. *Saumur.*

On peut se mettre sur l'eau, si l'on veut, iusques aux ponts de Cé, qu'on *Ponts de Cé.*

croid auoir esté bastis par Cesar, ou bien prendre la terre, & passer par les Roziers, S. Mathurin, Sorgues, S. Augustin & S. Lo.

La ville d'Angers est à dix l. de Saumur, fut aggrandie par le Roy d'Angleterre, Iean sans terre; & honorée d'vne Vniuersité, par Louys II. Duc d'Anjou, les Deputez de laquelle emporterent la preseance sur ceux d'Auignon aux Conciles de Constance & de Basle. Charles V. dit le Sage, la nomma la fontaine des sciences. La ville est diuisée en deux par la riuiere de Maine, qui se descharge das Loire à deux lieuës de là. Le pont, qui ioint les deux costez de la ville est fort long & bien basty, couuert pour la plus grand part de maisons. Le chasteau est fort, assis sur vn haut, enuironné de profonds fossez taillez dans le roc, auec 18. grosses tours carrées, basties d'vne pierre noirastre, comme presque toutes les maisons de la ville, qui est nommée pour ce sujet la Ville Noire.

L'Eglise Cathedrale de S. Maurice

Angers.

Chasteau d'Angers.

est remarquable par son Architecture, qui n'a point de piliers, & pour ses trois clochers, dont celuy du milieu portant sur vn Arc, sans autre fondement que celuy des autres deux passe pour vne merueille dans la bouche des Maistres, qui se vantent d'auoir veu vne tour suspenduë en l'air, sans estre appuyée sur la terre. René Roy de Sicile & de Ierusalem, dont le sepulchre est dans l'Eglise, & son image peinte de sa propre main, auec sa couronne & son habit Royal y mit plusieurs reliques. Hors de la ville on voit le Conuent de la Baumete pratiqué dans le roc, & basty sur le plan de la saincte Baume en Prouence ; les ruynes de l'Amphiteatre, nommé Grohan ; le iardin, la galerie & la maison de plaisance du mesme Roy de Sicile, qu'on visite volontiers, comme vn tesmoignagne de la modestie & simplicité de ce temps-là ; & les carrieres d'ou l'on tire l'ardoise.

Baumete.

De Paris, à Nantes.

Ingrã de. SOrtant de Paris vous trouuez en descendant Ingrande petite ville à 5. l. de distance, qui fait la separation de l'Anjou & de la Bretagne, Ancenis à 5. autres, Oudon à 2. l. Maulne en Roche à 2. l. & puis Nantes à 2. l. qui est distante d'Angers de 16. l.

Nantes. Nantes est vne ville forte, & de grand trafic à cause de la commodité de son port sur la riuiere de Loire, ou la mer refluë iusques à ses murailles, & à ses beaux ponts. Les petits vaisseaux, qui voguent sur la mer Oceane montent iusques à Nantes, les plus grands s'arrestent à cinq ou 6. l. au dessous. C'est vne Euesché dont le Diocese est d'vne grande estenduë. Elle a vn fort chasteau sur Loire, l'ouurage des derniers Ducs, qui en affectionnoient le seiour; aussi les fils aisnez de Bretagne portoient le tiltre de Comtes de Nantes.

De Paris, au Mans.

LE Mans Capitale du pays du Maine est vne des quatre Citez dites Rouges, à cause de ses murailles basties de pierres rousses & de briques, si bien iointes, qu'il est presque impossible de les briser ou detacher. L'assiete en est agreable sur la riuiere de Sarte, qui se iette dans six fossez auec la Huygne. Il y a vne Euesché.

Le Mans

Le chemin, qu'on doit tenir pour y arriuer est Chartres 20. l. la Loupe 4. Champrond 2. Nogent le Retrou 2. La Ferté Bernard 3. Comnarray 5. Yuray 3. le Mans 1. qui font enuiron 40. lieuës en tout.

De Paris, à Alenson, Vutray & Vannes.

DE Paris à S. Cloud 2. l. à Ville-Preux 4. à Houdan 5. à Marolles 2. à Dreux 2.

DESCRIPTION

Druydes. On sçait assez, qui sont les Druydes, les Prestres, les Sacrificateurs, les Iuges & les Docteurs des Gaules, & qu'ils ont pris leur nom du mot Grec *Drys*, qui signifie vn Chesne, pource que ces augustes personnages habitoient dans les forests, & cueilloient le premier iour de l'an le guy des Chesnes auec de grands respects. *Au Guy l'an neuf.* Ils donnerent aussi leur nom à la ville de Dreux, qu'on estime estre le milieu des Gaules au raport de Cesar, où ils faisoient leur seiour ordinaire. Henry IV. y auoit planté le Siege l'an 1589. qu'il leua pour donner la bataille d'Yury, qui ne fut pas moins memorable que cét autre bataille de Dreux de l'an 1571. ou le Prince de Condé fut fait prisonnier d'vn costé, & le Connestable de Montmorancy de l'autre.

Dreux

Anet. Anet, sur la mesme riuiere d'Eure, n'en est pas beaucoup esloigné, lequel appartient au Duc de Vendosme. C'est vn Chasteau basty sous Henry II. en faueur de la Duchesse de Valentinois par de Lormes excel-

DE LA FRANCE. 219

lent Achitecte. Le portail est d'vne admirable structure, campé au milieu d'vne terrasse pauée de marbre blanc & noir, sur lequel est vne horologe tres-belle auec vn Cerf de Bronze au dessus, plus grand que le naturel, qui sonne les heures du pied; & vn peu auparauant vne meute de chiens en nombre de 15. ou 20. se remuent, marchent & abboyent. La grand' Chambre & la salle y sont vitrées de cristal auec quantité de figures, & vne grande galerie ornée de peintures. Il y a plusieurs iardins & parterres embellis de fontaines & de roches artificielles auec vne Diane en marbre ornée de branches de coral & autres pierres & coquilles rares. Le long du grand iardin est vne galerie couuerte, bastie à la rustique. Au iardin des arbrisseaux qui sont orangers & autres, est vne fontaine auec vne statuë de marbre representant vne femme, dont la chemise est moüillée auec tant d'art, que la veuë des plus curieux y est souuent trompée.

Iardins d'A-net.

De Dreux à Loigny 2. l. à Brezolles 2. à Chefnebrun 3. à Mortagne sur Montagne en Normandie 3. à Mefle sur Sartre, d'où elle separe le Perche d'auec la Normandie 4. à *Alençon* sur la Sartre, Duché & Appennage d'vn des enfans de France 2.

Puis à Tresnay 3. l. au Pont Sainct Denys 2. à S. Cyr 2. à Mayenne Duché & Pairie 5. à Heruée 5. à Vitray 3. entre ces deux dernieres places on passe le ruisseau de *Grene*, qui sert de bornes à trois Prouinces, la Normandie, la Bretagne & le Maine.

Grene ruisseau.

De Vitray ville assise sur la Vilaine au Duc de la Tremoille à Espinay 2. l. à Chasteau Giron gros bourg & bon chasteau 3. à Fougiere ville frontiere 4. à Redon port de mer 4. Vannes 5.

Vitrai

Vanes

Vannes est à deux lieuës de la grand Mer, qui a son flux & reflux par vn canal iusques dans la ville, & au pied du Chasteau de l'Hermine, place forte, & le Palais des Ducs de Bretagne.

DE LA FRANCE.

De Paris, à Rhenes.

L'On a le choix de passer par Vitray, & puis par S. Iean sur Vilaine Chasteau Bourg, Noyal & Cesson, où l'on passe la riuiere pour entrer dans la ville de Rhenes, qui se peut vanter d'auoir esté la demeure ordinaire des Princes, & d'estre le siege d'vn des plus anciens Eueschez de Bretagne, & le lict de Iustice du Parlement de la Prouince. Renes

Ou bien si l'on veut, l'on peut aller iusques à la ville de Mayene Iuzay, & de la passer par S. George, par Fougere, par S. Aubin du Cormier, ou fut donnée la bataille de S. Aubin de l'an 1488. entre les riuieres du Coesnon & de la Vilaine, en laquelle Louys de la Tremoille à l'age de xxv. ans deffit les troupes de tous les Potentats de l'Europe, Maximilian Roy des Romains, Philippe, Archiduc d'Austriche, & Prince de Flandre son fils, Ferdinand Roy d'Espagne, Henry Roy S. Aubin de Cormier.

d'Angleterre, Iean de Chalons Prince d'Orange, du Duc d'Orleans, lequel fut puis apres tiré de la prison pour estre esleué sur le throsne sous le nom de Louys XII. des Ducs de Bretagne & de Lorraine, des Comtes d'Engoulesme & de Dunois liguez contre Charle VIII.

De S. Aubin à Rhenes 4. l. à Maledroit 8. à Locris 6. à Pontseiour 4. à Quinperlay sur l'Elle & l'Isole 1. à Quinpercorantin Euesché & port de mer 4.

Les autres villes de la Bretagne sont Dinan ville agreable, & vn des beaux seiours des Ducs de Bretagne, qu'on tient auoir esté bastie au milieu des Forests par des hommes sauuages à l'honneur de Diane. Les vaisseaux y montent auec l'eau de la mer.

Dinā

Blauet vne des plus fortes places de cette coste. Le Port-Royal de Brest, son chasteau auec sa ville forte de bastiment & d'assiete, le bouleuart de la Bretagne, situé dans vn Golfe, où la mer fait quatre entrez.

Blauet.

La ville de S. Malo bastie en la mer,

Saint Malo.

comme vne espece d'Isle, place importante, qui la fait garder comme vne clef de France, & mesme à ce qu'on dit par des Dogues, qui font la ronde toute la nuict autour de ses murailles. Lombale, Morlais, S. Brieu, auec l'Abbaye de S. Michel sur la pointe d'vn Rocher esleué au milieu de l'Ocean, à trois lieuës de l'Euesché d'Auranche en Normandie, Treguier, S. Pol de Leon, Dol trois Eueschés de neuf qui sont dans la Bretagne. *Euesches de Bretagne.*

De Paris à Auranche.

DE Paris à Alençon 27. ou 28. l. à S. Boucet 6. à Barenton 3. à Milly 3. à Pain d'Auene 2. à Auranche ville Episcopale & ancienne assise sur vn rocher, esleué sur vne montagne difficile à monter specialement du costé de la mer, dont elle n'est pas beaucoup éloignée, & bordée de deux petites riuieres, l'vne de Sées, au dessus, & l'autre au dessous qu'on nomme *Auranche.*

Ardres. Vn autre chemin plus agreable est de passer par Dreux, Nonancourt, Verneuil Marquisat, Aigle petite ville, Hyesme vne autre ville, Chamboy, Crocy & Falaise à 31. ou 32. l. de Paris, qui est vne ville bastie sur l'Ante en figure de Nef, dont le Chasteau pratiqué sur vn roc, comme vne pouppe, & entouré de Fossés fort profonds auec deux estangs, qui luy seruent de defense, estoit le lieu de plaisance des anciens Ducs de Normandie, durant la paix, & leur place d'armes durant la guerre. L'vn de ces estangs ne peut estre iamais mis à sec pour l'abondance de ses sources. Il y a des moulins, qui seruent aux esmouleurs des cousteaux les meilleurs de France. A vne lieuë de cette ville est

Mont d'A- rienes. le mont d'Arienes, ou se prennent les oyseaux de proye, & quelques fois des Aigles. Ce qui est de plus prodigieux en ce pays est le village d'Arnes, situé en vne plate campagne, & depourueu de toutes sortes de fleuues & de ruisseaux, ou la mer neantmoins, qui en est esloignée de neuf grandes l. y

roule

roule quelquefois ses eaux auec telle abondance par des conduits cachez & inconnus, qu'elle y forme vn grand Lac remply de quantité de bons poissons, lequel desseiche, lors que ces eaux de la Mer se retirent. Cette ville se glorifie d'auoir veu naistre Guillaume le Conquerant fils naturel de Robert I. Duc de Normandie, qui se rendit Maistre de l'Angleterre, & fit voir que le courage & la vertu ne participent point au defaut de la naissance des Princes.

De Falaise au Pont d'Ouillay 2 l. à Condé 1. à Toucabre 3. à la Roche 5. à Pain Dauene 2. à la Forque de Coquelin 4. & de là à Auranche 2.

De Paris, à Coutance & à S. Lo.

LA riuiere d'Oule se descharge en la mer au dessous de Coutance, *Coutance.* chargée de deux ruisseaux dont l'vn coule sur les masures des bastimens de l'Empereur Constance, qui donna son nom à cette ville, & l'embellit de

P

plusieurs edifices, dont les pilliers esleuez en façon d'arcades, qu'on void dans vn valon au couchant de la ville, nous font connoistre que c'estoit autrefois vn ouurage digne de la magnificence d'vn Empereur Romain. La ville est sans doute tres-ancienne, puis qu'elle a desia veu dans son Eglise plus de 80. Euesques consecutifs, dont le 67. merita d'estre esleué sur le siege de S. Pierre.

S Lo. La Vicomté de S. Lo forte place est sur la riuiere de Vire, qui prés de là se va ietter dans la mer au Vé de S. Clement, autrement le grand Vé, diuisant Coutance d'auec Bayeux. Elle fut ainsi nommée du V. Euesque de Coutance, dont les successeurs ont porté durant plusieurs années le tiltre d'Euesque de S. Lo, pource qu'ils y possedoient vne belle maison, qui leur seruoit de retraite.

Vire. Le chemin de Paris à Coutance & à S. Lo est le mesme iusques à Falaise, puis on passe sur le Pont escoulant, & a Vire petite ville assise sur vne riuiere, qui emprunte son nom, & de là on se rend à Teſſé, & enfin à Coutans.

Pour S. Lo, partant de Falaiſe, il faut aller à Bellem, Cormelin & Mortain, qui eſt à deux lieuës au deça de Sainct Lo.

De Paris, à Caen, Bayeux, & Cherbourg.

CAen eſt vne ville fort ancienne, puiſque Caius Ceſar la nomma de ſon nom *Cadomus*, comme qui diroit *Caij domus*, la maiſon de Cajus, où cét Empereur ſe preparant au voyage de la grand' Bretagne, faiſoit ſa demeure ordinaire. La riuiere d'Orne la diuiſe en deux, qui ſe ioignent enſemble par le Pont de Sainct Iacques, & par celuy de S. Pierre, ſur lequel eſt poſé l'Hoſtel de ville, d'vne ſuperbe Architecture, à quatre grands eſtages embellis de quatre groſſes tours. Le chaſteau, eſt dans la haute ville, qui paſſe pour vne des bonnes places de la Normandie, auec l'Vniuerſité, dont l'Eueſque de Bayeux eſt

Caen.

P iij

Chancelier, les Euesques de Lisieux & de Coutance Conseruateur des Priuileges Apostoliques. La basse ville est enfermée d'eau, où abordent les Nauires, qui la rendent d'vn grand trafic. La riuiere d'Oudon passe d'vn autre costé par le milieu de la ville, & se ioint auec l'Orne au pont de Saint Pierre.

Bayeux. Bayeux ville ancienne Capitale du pays Bessin, annoblie d'vn Euesché dont l'Euesque preside en l'absence de l'Archeuesque de Rouen, est assise sur la riuiere d'Aure. Son Eglise est vne des plus superbes & magnifiques de la Normandie auec ses deux clochers en Pyramides, au milieu desquels est vne belle tour bastie par Louys d'Harcour Euesque de Bayeux auec vne Horologe, qui sonne les heures & les quarts en musique.

Cherbourg. Cherbourg est vne bonne place sur la mer bastie par Cesar & la derniere de celles, qui se rendirent à Charles VII. lors qu'il chassa les Anglois de la France.

Le chemin droit pour aller de Paris à Caen est de passer par Dreux & Hiesmes, dont i'ay desia parlé, & puis aller de la à la Chapelle Fouques, à S. Iust de Vicq, à S. Laurent de Vaux des Dunes, & enfin à Caen, qui est vn voyage de moins de 40. l.

De Caën à Bayeux l'on conte 7. l. par la Croix de Querentonne & S. Leger. De Bayeux à Cherbourg il y en a 11. trauersant vn bras de mer, qu'on nomme le petit Vé, pour le di-stinguer du grand Vé, & passant par Querentan & Valogne.

Vé.

De Paris à Poissy, Eureux & Honfleur.

DE Paris à Nanterre, le lieu de la naissance de Ste. Geneuiefue 2. l. & 3. de la iusques à S. Germain en Laye, lequel bien qu'il se puisse vanter d'auoir emprunté son nom d'vn grand Euesque, il n'a iamais eu neant-moins tant d'esclat, ny tant de reputation, que depuis que les Roys l'ont fait bastir pour vn Palais de la Maiesté

S. Germain en Laye.

où Messieurs leurs enfans sont esleuez & ou ils passent eux mesmes la plus agreable partie de leurs beaux iours. Charles V. ietta les premiers fondemens du vieux Chasteau, qui ayant esté pris par les Anglois durant les troubles de l'Estat causés par le desreglement du cerueau de Charles VI. se rédit depuis à Charles VII. moyennant vne grosse somme d'argent, qu'on paya aux Capitaines Anglois. François I. qui s'y plaisoit à cause des longues & larges routes de bois voisins, pratiquées à dessein de courir le cerf & le sanglier le fit rebastir, comme en font foy les FF. couronnées, depeintes sur les manteaux des cheminées, mais la perfection de cét ouurage estoit deuë à Henry IV. qui n'auoit que des pensées & des desseins proportionnés à la grandeur de son courage.

Ie conseille au voyageur de visiter les Grottes à peine d'estre mouïllé, où il verra vne table toute chargée de couppes & d'autres vaisseaux bien formés de la seule matiere d'eau,

Les Grotte

comme si c'estoit le buffet du Dieu des eaux. Les Nymphes au mouuement de la mesme eauë iouent des orgues auec autāt d'harmonie, que ceux qui les inuenterent, & en mirent l'vsage dans nos Eglises Louys le Debonnaire. Mercure y sonne de la Trompete, Neptune en posture de Roy, la couronne de ionc en teste, & le Trident en vne main conduit son chariot, & les Tritons conduisent la pompe de son triomphe, Vulcain & & ses Forgerons battent le fer sur vne enclume à coups de marteaux, Bacchus assis sur son tonneau & tenant le verre à la main conuie les assistans à boire à la santé du Prince, Orphée anime les bois, les rochers & les bestes & leur inspire vn certain mouuement de tristesse, depuis que le Roy Louys XIII. y rendit l'esprit vn iour de l'Ascension.

De S. Germain à Poissy 1. l. Poissy n'estoit anciennement qu'vn Chasteau de plaisance, où les Reines faisoient leurs couches, vne Maison Royale, où les enfans de France

Poissy.

estoient nourris, auant que S. Germain & Fontaine-bleau fussent bastis; & vne retraite de Moynes fondez par Constance femme du Roy Robert, laquelle est inhumée dans l'Eglise de l'Abbaye. A present c'est vne ville assez plaisante assise dans vn vallon sur les bords de la Seine. Le Colloque tenu à Poissy l'an 1561. sous le regne de Charles IX. est assez renommé dans nos histoires. S. Louys prenoit par deuotion le surnom de Louys de Poissy, pour y auoir esté baptisé.

Meulan. A deux lieuës de là on trouue Meulan, qui est partagé en deux par vne Isle, que fait la Seine dans son canal, dont vne partie est dans l'Isle, & l'autre sur le bord qui se ioignent par des ponts bastis sur la riuiere. Le fort de Meulan est vne place de consequence.

Eureux De Meulan à Passy il y a 5. l. & de là à Eureux 4. C'est vne ville plus recommandable par la doctrine d'vn seul de ses Euesques, le Cardinal du Perron, que par la Noblesse de tous ses Comtes sortis de la maison de Normandie, entre lesquels fut vn Raoul, dont la femme imposa son nom à la riuiere Iron, qui bat ses murailles, & va se ietter dans la Seine.

D'Eureux à Honfleur il y a enuiron 12. l. en passant par Monfort. Honfleur est ainsi nommé, pource que les eaux de la Seine se deschargent par là dans l'Ocean. Hatfleur est à l'opposite, qui signifie contreflux de mer. Pour le Havre de Grace vne des importantes forteresses qui soit sur nos costes, elle fut bastie par François I. pour fermer vne des portes de la France aux Anglois, s'ils vouloient encore y rentrer, comme ils tascherent de faire sous le Roy Charles IX. lors que les Protestans mirent cette place entre les mains d'Elizabeth Reine d'Angleterre, pour l'obliger à leur prester secours. Mais le Roy la reprit auec autant de iustice & de courage, qu'elle auoit esté renduë auec iniustice & lascheté.

Honfleur.

Haure de Grace

De Paris à Rouen.

DE Paris à Argenteuil, ou l'on monstre la robbe de nostre Seigneur 3. l. à Pontoise 3. & dauantage, laquelle a esté ainsi nommée à cause du Pont qu'elle a sur la riuiere d'Oyse. Il est vray qu'il y a deux voyes pour aller à Roüen. Les vns descendēt par la Seine, & passent par les lieux suiuans, Scauoir Madrid, Chasteau basty par François I. dans le bois de Boulogne, S. Cloud, Argenteuil, S. Germain en Laye, Poissy, Mante, bonne ville auec vn siege Presidial, & vne Eglise dediée à nostre Dame, bastie sur le modele de celle de Paris, & vn fort beau Conuent de Celestins. Cette place donna bien autrefois de l'exercice à nostre Roy Charles VII. laquelle se rendit neantmoins à sa valeur, quand toute la Normandie secoua le ioug d'Angleterre, pour se soumettre à la France. Le Roy Philippe Auguste y deceda en suite d'vn

Argenteuil.

Mante.

comete, qui affligea le Royaume par la perte d'vn si grand Prince.

Vernon, Gaillon tres-belle maison à l'Archeuesque de Roüen auec vn iardin, qui n'a gueres son pareil en France, & vne Galerie enrichie de peintures excellentes. On void dans la basse-cour vne table de marbre, dont les Venitiens firent present à Louys XII. qui a fait bastir cette maisõ. *Gaillon.*

Louuiers ville bien assise & fortifiée. Pont de l'Arche ville pareillement forte, d'où l'on entre à Roüen, la Capitale de la Normandie. *Louuiers.*

Les autres se seruent de la commodité du Messager, lequel y va tous les iours. La principale ville ou l'on passe en ce voyage de deux iours, est Pontoyse, au de-là laquelle commance la Normandie, puis on covche à Magny petite ville en esgale distance de Pontoise, que Pontoise l'est de Paris. Et le lendemain apres auoir fait sept lieuës, on descend par vne montagne haute & difficile, on disne au bourg de Fleury, & à cinq lieuës de là l'on trouue Roüen. *Pontoyse.* *Magny.*

DESCRIPTION

Roüen est le chef de la Prouince de la Normandie, le siege d'vn Archeuesque & d'vn Parlement. La grandeur de son enceinte, & les richesses de ses habitans la rendent assez celebre, sans qu'elle ait besoin des Fables pour acquerir de la reputation de l'antiquité de sa fondation. Elle est assise d'vn costé sur la Seine, dans vne vallée enuironnée de hautes montagnes, couuertes de bois, & au Leuant elle a d'autres petites riuieres, comme Robec, Aubette & la Renelle, qui entrans dans la ville nettoyent les ruës, & ayans fait moudre plusieurs moulins se vont ioindre à la Seine. Elles ont plusieurs ponts pour passer d'vne ruë à l'autre. Mais celuy de la Seine est vn des plus beaux de France, composé de treize arcades, auec vn double port separé par le pont, où abordent d'vn costé les Nauires, qui montent de l'Ocean auec le flot, & de l'autre les batteaux, qui viennent de Paris.

Ses fortifications. Au Leuant & au Midy la ville est dominée des montagnes voisines, &

bien qu'elle soit fortifiée de murailles de tours & de fossés, munie de bouleuarts, de bastions, de casemattes, de remparts & de terrasses, elle a encore vn vieux Chasteau sur la riuiere, que les Nauires saluent à leur abord de trois coups de canon. On void aussi sur vne colline au chemin de Paris le fort de S. Catherine, qui fut demoly par la permission d'Henry IV.

L'Eglise de Nostre Dame est vn des superbes bastimens de la ville, tres-recherchée au dedans & au dehors de son Architecture. Elle est couuerte de plomb, & son chœur fort somptueux, reuestu de cuiure. Ses orgues sont prodigieuses, son thresor incroyable, les ornemens & ses habits pontificaux couuerts d'or & de perles. Trois grandes Tours s'esleuent bien haut en l'air, particulierement la Tour de Beurre, & la Tour de la Pyramide, dont l'esguille seule, qui est de bois reuestuë de plomb doré a deux cens marches, & tout l'edifice plus de 600. La Tour de Beurre fut ainsi nom-

Son Eglise

Tour de beurre.

mée, pour auoir esté bastie des deniers recueillis du peuple, pour la dispense obtenuë par le Cardinal d'Amboise Legat en France & Archeuesque de Roüen, de manger du beurre en Caresme. Le Roy Louys XII. institua le Parlement l'an mil six cens quarante.

Pour donner plus d'instruction à nostre voyageur de l'estat de la France, il sçaura que toutes ces Villes & places, qu'il desire visiter, sont comprises dans le ressort de dix Parlemens Souuerains, Paris, Roüen, Tolose, Bourdeaux, Grenoble, Dijon, Aix en Prouence, Rennes, Pau & Mets ou Verdun, & dans l'estenduë de quelques Prouinces ou Gouuernemens, dont les principaux sont Paris & l'Isle de France, Dijon & la Bourgogne, Roüen & la Normandie, Bourdeaux & la Guyenne, la Champagne & la Brie, Amiens & la Picardie, Tolose & le Languedoc, Grenoble & le Dauphiné, Aix & la Prouence, Lyon & le Lyonnois, Forest & Beauiolois, Or-

Prouinces de France.

léans auec ses dependances, Poictou, Touraine, Aniou, Berry, Auuergne, Rouergue, Limosin, Bresse, Foix Bearn, Mets, & du pays Messin.

FIN.

Le sieur Corpheur, marchand
parfumeur en la renommée des
                    remy
pommades rue St Denis, pres
la rue des prescheurs

www.ingramcontent.com/pod-product-compliance
Lightning Source LLC
Chambersburg PA
CBHW050333170426
43200CB00009BA/1573